山西大同大学科研基金资助出版

中国书籍学术之光文库

《贤愚经》词汇研究

张忠堂 | 著

中国书籍出版社
China Book Press

图书在版编目（CIP）数据

《贤愚经》词汇研究/张忠堂著. —北京：中国书籍出版社，2020.2
（中国书籍学术之光文库）
ISBN 978－7－5068－7800－5

Ⅰ.①贤… Ⅱ.①张… Ⅲ.①佛经—词汇—研究—中国—北魏　Ⅳ.①B94

中国版本图书馆 CIP 数据核字（2020）第 008792 号

《**贤愚经**》词汇研究

张忠堂　著

责任编辑	王文心　李雯璐
责任印制	孙马飞　马　芝
封面设计	中联华文
出版发行	中国书籍出版社
地　　址	北京市丰台区三路居路 97 号（邮编：100073）
电　　话	（010）52257143（总编室）　（010）52257140（发行部）
电子邮箱	eo@chinabp.com.cn
经　　销	全国新华书店
印　　刷	三河市华东印刷有限公司
开　　本	710 毫米×1000 毫米　1/16
字　　数	171 千字
印　　张	16
版　　次	2020 年 2 月第 1 版　2020 年 2 月第 1 次印刷
书　　号	ISBN 978－7－5068－7800－5
定　　价	95.00 元

版权所有　翻印必究

前　　言

　　魏晋南北朝时期是汉语发展过程中的重要阶段，各民族语言相互影响，实现了深度融合。关注这段时期汉语的基本面貌，具有多方面的研究价值。佛教文献《贤愚经》作为此时翻译完成的一个封闭语料系统，极富口语色彩，汇聚了很多有浓重教化意味的智慧故事，很大程度上反映了北魏时期汉语的基本面貌。

　　僧佑《出三藏记集·贤愚经记》曰："河西沙门释昙学、威德等，凡有八僧，结志游方，远寻经典。於于阗大寺，遇般遮于瑟之会……三藏诸学，各弘法宝，说经讲律，依业而教。学等八僧随缘分听，于是竞习胡音，折以汉意，精思通译，各书所闻。还至高昌，乃集为一部。既而逾越流沙，赍到凉州。于时沙门释慧朗，河西宗匠，道业渊博，总持方等。以为此经所记，源在譬喻，譬喻所明，兼载善恶，善恶相翻，则贤愚之分也。前代传经，已多譬喻，故因事改名，号曰贤愚焉。元嘉二十二年，岁在乙酉，始集此经。"① 历代佛教经目，僧佑《出三藏记集》编撰年代最早，应该最具有可信度。

陈寅恪《金明馆丛稿二编》曰："《贤愚经》者，本当时昙学等八僧所听讲之笔记，今检其内容，乃一杂集印度故事之书，以此推之，可知当日中亚细亚说经，例引故事以阐经义，此风盖导源于天竺，后渐及于东方。"② 由于《贤愚经》是八位僧人听讲的记录，因此我们认为此经当属编译之作。

可以说，《贤愚经》担负着面向平民大众传播佛教教义的功能，采取了援引生动譬喻讲述民间故事的形式，语料深入浅出，成书年代明确，版本可靠，能够真实反映魏晋南北朝这一语言融合时期的语言面貌。魏晋南北朝不仅是外来宗教文化和本土文化交汇融合时期，也是上古汉语向中古汉语的过渡时期，因此，书中不仅夹杂了许多与佛教相关的外来语，还有很多上古汉语词汇的传承。如果穷尽分析其中的词汇系统，全面描写其中的各类词语，一定能够帮助我们发现中古汉语词汇的一些特点和发展规律。

佛教自东汉末年传入中国，之后得到了广泛迅速的传播，大量佛经被翻译成汉语。佛教传播以及汉译佛经的过程对汉语的发展，尤其是词汇的发展产生了重要的影响。因为佛教传播的受众是平民百姓，所以译经就需要保留很多口语化色彩。正

---

① （梁）僧佑：《出三藏记集》，中华书局，1995 年，第 351 页。
② 陈寅恪：《金明馆丛稿二编》，生活·读书·新知三联书店，2001 年 1 月，第 217 页。

是这个原因，汉译佛经才呈现出大量原生态的口语风格，也给汉语史研究提供了重要的历史语料。20世纪50年代，王力先生高瞻远瞩，开始在《汉语史稿》中引用佛经文献的语料作为论据，开启了利用佛经文献开展汉语史研究的先例。代表性论文有蒋绍愚《〈祖堂集〉词语试释》（1985），董志翘《〈五灯会元〉语词考释》（1990）等。20世纪80年代，研究范围由佛经词语考释扩展到汉译佛典的词汇研究，代表性著作有李维琦《佛经释词》（1993）、《佛经续释词》（1999）以及《佛经词语汇释》（2004）等。进入21世纪后，学界开始对佛经词汇进行系统的研究，代表性论著有季琴《三国支谦译经词汇研究》（2004），凌敏《〈百喻经〉动词研究》（2008）等。

目前，《贤愚经》研究成果颇多，语法研究代表作有唐志成《〈贤愚经〉双音节动词配价研究》（2005），杜萍《〈贤愚经〉判断句研究》（2009），黄娜《〈贤愚经〉疑问句研究》（2009）和周晓花《〈贤愚经〉单音节同义动词研究》（2009）等，词汇研究代表作有陈文杰《〈贤愚经〉词语考》（2000）和郑贤章、漆灏《〈贤愚经〉语词札记》（2005）等。相比之下，词汇研究稍显薄弱，这也是本文研究的初衷。

中古时期朝代嬗替，战争频仍，民众迁徙不定，社会环境剧烈变化，新词新语大量产生，许多旧有词语的意义也发生类型各异的演变，产生许多新的义位。同时，汉魏之际，佛法东渐，佛源词语不断渗透到中土汉语之中，对汉语也产生了极大影响。蒋绍愚《古汉语词汇纲要·前言》指出："至于东汉以下，就以往的研究来说，几乎可以说是空白。近年来有不少学者致力于六朝到明清的词语研究，取得了很大的成绩，但总的来说，还处于初始阶段。"① 朱庆之《佛典与中古汉语词汇研究·前言》强调："汉文佛典，包括翻译佛典与本土佛教撰述，对汉语词汇史的研究来说甚至具有比同期中土（世俗）文献更高的史料价值，特别是中古时期。""不研究汉文佛典，就无法写出真正的中古汉语史，特别是中古词汇史。"② 王云路《中古汉语词汇研究综述》说得更加明确："近年来，经过不少前辈专家的提倡，汉语史研究越来越重视佛学典籍，并且已经初具规模。""但比起众多的汉魏六朝典籍来说，我们研究的范围还是太窄了，还要我们付出更多的精力。"③ 这是我们选择《贤愚经》专书词汇展开研究的主要动力。

希望本书的付梓能够基本兑现我们的研究初衷。

---

① 蒋绍愚：《古汉语词汇纲要》，北京大学出版社，1989年。
② 朱庆之：《佛典与中古汉语词汇研究·前言》，台北：文津出版社，1992年，第1页。
③ 王云路：《中古汉语词汇研究综述》，《古汉语研究》，2003年第2期。

目 录
CONTENTS

第一章 绪 论 ·················· 1
　第一节　北魏时期的佛教传播　1
　第二节　北魏时期的译经活动　6
　第三节　汉译佛经与汉语研究　10
　第四节　《贤愚经》概况　17

第二章　《贤愚经》名词研究 ·················· 19
　第一节　《贤愚经》单音节名词　19
　第二节　《贤愚经》双音节名词　31

第三章　《贤愚经》动词研究 ·················· 40
　第一节　《贤愚经》单音节动词　40
　第二节　《贤愚经》双音节动词　53

第四章　《贤愚经》形容词研究 ·················· 72
　第一节　《贤愚经》单音节形容词　72

第二节　《贤愚经》双音节形容词　81

第五章　《贤愚经》代词研究 …………………………… **94**
　　第一节　《贤愚经》人称代词　94
　　第二节　《贤愚经》指示代词　100
　　第三节　《贤愚经》疑问代词　106

第六章　《贤愚经》数词研究 …………………………… **114**
　　第一节　《贤愚经》基数词　114
　　第二节　《贤愚经》倍数　116
　　第三节　《贤愚经》分数　117
　　第四节　《贤愚经》概数　117
　　第五节　《贤愚经》序数词　119

第七章　《贤愚经》量词研究 …………………………… **121**
　　第一节　《贤愚经》单音节量词　121
　　第二节　《贤愚经》双音节量词　128

第八章　《贤愚经》副词研究 …………………………… **130**
　　第一节　《贤愚经》时间副词　130
　　第二节　《贤愚经》程度副词　137
　　第三节　《贤愚经》范围副词　140
　　第四节　《贤愚经》语气副词　145

第五节 《贤愚经》情态副词 148
第六节 《贤愚经》否定副词 151

第九章 《贤愚经》介词研究 154

第一节 《贤愚经》时间方所介词 154
第二节 《贤愚经》凭借方式介词 157
第三节 《贤愚经》原因目的介词 158
第四节 《贤愚经》关涉对象介词 160
第五节 《贤愚经》施事受事介词 162

第十章 《贤愚经》助词研究 164

第一节 《贤愚经》语气助词 164
第二节 《贤愚经》结构助词 168

第十一章 《贤愚经》连词研究 171

第一节 《贤愚经》并列连词 171
第二节 《贤愚经》承接连词 173
第三节 《贤愚经》递进连词 176
第四节 《贤愚经》选择连词 178
第五节 《贤愚经》假设连词 180
第六节 《贤愚经》让步连词 185
第七节 《贤愚经》因果连词 186
第八节 《贤愚经》转折连词 188

第九节 《贤愚经》条件连词 190

第十二章 《贤愚经》音译词研究 191
第一节 《贤愚经》音译词的意义分析 191
第二节 《贤愚经》音译词的音节类型 194

第十三章 《贤愚经》三音节词研究 199
第一节 《贤愚经》三音节词的形式特点 199
第二节 《贤愚经》三音节词的语义类型 206

第十四章 《贤愚经》成语研究 216
第一节 《贤愚经》成语来源及意义分析 216
第二节 《贤愚经》成语结构分析 223

第十五章 《贤愚经》同素异序词研究 229
第一节 《贤愚经》同素异序词的类型 229
第二节 《贤愚经》同素异序词简析 238

主要参考文献 241

第一章

绪 论

第一节 北魏时期的佛教传播

魏收《魏书·释老志》指出，佛教在北魏时期的发展已经达到非常的程度，其意义之重大，足以使修史者为之笔墨，形成了中国历史记载中空前绝后的珍贵文献。《释老志》叙述了佛教在北方的传播和寇谦之修改道教的经过，为研究北魏佛教、道教的发展状况提供了不可多得的材料。云冈石窟就是北魏佛教兴盛时期留存下来的重要佛教实物遗存之一。

据《释老志》记载，汉武帝时佛法始通中国。"及开西域，遣张骞使大夏还，传言旁有身毒国，一名天竺，始闻浮屠之教。"至汉明帝（58—75年）永平年间，佛教传入中国。《魏书·释老志》曰："后孝明帝夜梦金人，项有日光，飞行殿庭，乃访群臣，付毅始以佛对。帝遣郎中蔡愔、博士弟子秦景等使于天竺，写浮屠遗范。愔仍与沙门摄摩腾、竺法兰东还洛阳。中国有沙门及跪拜之法，自此始也。愔又得佛经《四十二章》及释迦立像。明帝令画工图佛像，置清凉台及显节陵上，经缄于兰台石室。"

一、北魏佛教的初步发展

虽然佛教在汉代已传入中国，但是由于各种条件限制，对外来佛经尚未进行有计划、有系统的翻译。至三国、西晋（3—5世纪）时，佛经翻译开始日趋发展。《释老志》曰："魏先建国于玄朔，风俗淳一，无为以自守，与西域殊绝，莫能往来。故浮屠之未之得闻，或闻而未信也。及神元与魏、晋通聘，文帝又在洛阳，昭成又至襄国，乃备究南夏佛法之事。太祖平中山，经略燕赵，所逕郡国佛寺，见诸沙门、道士，皆致精敬，禁军旅无有所犯。帝好黄老，颇览佛经。但天下初定，戎车屡动，庶事草创，未建图宇，招延僧众也。然时时旁求。先是，有沙门僧朗，与其徒隐于泰山之琨𤩽谷。帝遣使致书，以缯、素、旃罽、银钵为礼。今犹号曰朗公谷焉。天兴元年，下诏曰：'夫佛法之兴，其来远矣。济益之功，冥及存没，神踪遗轨，信可依凭。其敕有司，于京城建饰容范，修整宫舍，令信向之徒，有所居止。'是岁，始作五级佛屠、耆阇崛山及须弥山殿，加以缋饰。别构讲堂、禅堂及沙门座，莫不严具焉。太宗践位，遵太祖之业，亦好黄老，又崇佛法，京邑四方，建立图像，仍令沙门敷导民俗。"

公元398年，北魏迁都平城（今大同市），改号天兴。国家渐趋稳定，对佛教的信仰进一步深化。《释老志》曰："天兴元年，下诏曰：'夫佛法之兴，其来远矣。济益之功，冥及存没，神踪遗轨，信可依凭。其敕有司，于京城建饰容范，修整宫舍，令信向之徒，有所居止。'是岁，始作五级佛屠、耆阇崛山及须弥山殿，加以缋饰。别构讲堂、禅堂及沙门座，莫不严具焉。太宗践位，遵太祖之业，亦好黄老，又崇佛法，京邑四方，建立图像，仍令沙门敷导民俗。"

二、太武灭法及其后果

北魏"太武灭法"，《释老志》有比较详细的记载："佛教自西汉来华以后，经译未广，取法祠祀。其教旨清净无力，省欲去奢，已与汉代黄老之学同气。而浮屠作斋戒祭祀，方士有祠祀之方。佛言精灵不灭，道求神仙却死。相得益彰，转相资益。"汤用彤一针见血地指出了佛教在汉代时被视为"道术之附庸"的实际。虽"及至桓、灵之世，安侯、支谶出经较多，教法颇能直溯本源"[1]，然而，直到北魏入主中原，仍将佛、道一并信仰，既"好黄老"，又"览佛经"。拓跋鲜卑仍旧继承了汉代习惯。在这一特定情势下，佛、道间的相互排斥表现为国家行为，就成为非常容易的事情了。

《释老志》曰："世祖即位，富于春秋。既而锐志武功，每以

---

[1] 汤用彤：《汉魏两晋南北朝佛教史》，上海人民出版社，2015年，第55页。

平定祸乱为先。虽归宗佛法，敬重沙门，而未存览经教，深求缘报之意。及得寇谦之道，帝以清净无为，有仙化之证，遂信行其术。时司徒崔浩，博学多闻，帝每访以大事。浩奉谦之道，尤不信佛，与帝言，数加非毁，常谓虚诞，为世费害。帝以其辩博，颇信之。"显而易见，在崔浩被皇帝重用的前提下，寇谦之的道教思想渐渐深入皇室，"世祖欣然，乃始崇奉天师"。后遂改元太平真君，年号也倾向于道教了。

太平真君六年冬，盖吴谋乱关中，《释老志》曰："先是，长安沙门种麦寺内，御驻牧马于麦中，帝入观马。沙门饮从官酒，从官入其便室，见大有弓矢矛盾，出以奏闻。帝怒曰：'此非沙门所用，当与盖吴通谋，规害人耳！'命有司案诛一寺，阅其财产，大得酿酒具及州郡牧守富人所寄藏物，盖以万计。又为屈室，与贵室女私行淫乱。帝既忿沙门非法，浩时从行，因进其说。诏诛长安沙门，焚破佛像，敕留台下四方，令一依长安行事。"此为《释老志》记载，事实不应质疑。然而，据汤用彤考证，太武西征之前，即有"灭佛法，害诸沙门"之事，而吴造反之事当为"太武灭法"的导火索而已。

太武灭法，动用国家意志，使"土木宫塔，声教所及，莫不毕毁矣"。尽管如此，却没有彻底动摇经过佛教教义洗礼的上自皇太子下至僧人教徒对佛教的信仰。《释老志》曰："时恭宗为太子监国，素敬佛道。频上表，陈刑杀沙门之滥，又非图像之罪。今罢其道，杜诸寺门，世不修奉，土木丹青，自然毁灭。如是再三，不许。"景慕皇帝虽然没有阻止太平真君七年三月之"诸有佛图形象及胡经,尽皆击破焚烧,沙门无少长悉坑之"的诏书颁发,作为"太子监国",却"缓宣诏书",使"远近皆豫闻之,得各为计"。《释老志》曰:"恭宗言虽不用,然犹缓宣诏书,远近皆豫闻之,得各为计。四方沙门,多亡匿获免,在京邑者,亦蒙全济。金银宝像及诸经论,大得秘藏。"此时,更有昙曜、师贤等高僧"守道不改"。

《释老志》曰:"沙门昙曜有操尚,又为恭宗所知礼。佛法之灭,沙门多以余能自效,还俗求见,曜誓欲守死,恭宗亲加劝喻,至于再三,不得已,乃止。密持法服器物,不暂离身,闻者叹重之……京师沙门师贤……凉平赴京。罢佛法时,师贤假为医术还俗,而守道不改。"昙曜、师贤的行为,不仅体现了上层僧人的个性特点,更体现出佛教于汉代进入中国后,经数百年的潜移默化,已然成为不可阻挡的意识潮流。

三、文成复法

佛教的顽强生命力,令太武灭法活动很快烟消云散。《释老志》曰:"佛沦废终帝世,积七八年。然禁稍宽弛,笃信之家,得密奉事,沙门专至者,犹窃法服诵习焉。正平二年(452年),文成帝拓跋濬继位,改元兴安,即下诏恢复佛法。"《释老志》所载文成帝诏书,历数佛法之功德,并允"诸州郡县,于众居之所,各听建佛图一区,任其财用,不制会限"。《释老志》曰:"天下承风,朝不及夕,往时所毁图寺,仍还修矣。佛像经论,皆复得显。"

第二节 北魏时期的译经活动

北魏时期相对太平,在统治阶级的大力支持下,佛教得到很大的发展。虽然中间经历了北魏太武帝的毁佛灭法,但一经恢复之后的佛教,更得到空前的发展,尤其是译经事业,越发蓬勃,对南北朝义学的兴起和后来隋唐宗派的形成产生了重要的影响。《魏书·释老志》对北魏及其以前的佛教史做了比较全面的记载,但对北魏时期的译经却记述极少,后世经录也缺少整体记载。有鉴于此,我们搜求经录,考诸史籍,对北魏时期的译经做尽量全面的考察,以补此阙。

一、北魏时期的译经特征

文成帝时期,率众开凿云冈石窟的沙门统昙曜,组织发动了天竺沙门常那耶舍等人,于公元460—471年新译了佛经14部,后世传本2部5卷。隋释费长房《历代三宝记》卷九曰:"太武帝崩,子文成立,即起浮屠毁经,七年还兴三宝。至和平三年,诏玄统沙门释昙曜,慨前凌废,欣今载兴。故于北台石窟寺内集诸僧众,译斯传经,流通后贤,庶使法藏住持无绝。"据梁释僧佑《出三藏记集》卷二记载,昙曜等人的译经时间当为北魏延兴二年(472年)。

北魏平城时期，译经活动完成于孝文帝迁都洛阳之前，主要发生在公元471—475年，即孝文帝延兴年间。其中，有两家译经组织闻名后世。一是佛教大师昙曜主持的译经集团。其由凉州徙居平城的河西僧人和一些外僧组成，累计翻译14部佛经。后世中土诸经藏收录了昙曜所译佛经3部7卷，实际上仅有2部5卷而已。根据有目可查的考据准则，应该在14部之中。二是吉迦夜为首的译经集团。吉迦夜所译佛教经典，中土经藏目录大多数均写作"吉迦夜共昙曜译"，或者"吉迦夜为昙曜译"。实际上，作为沙门统的昙曜，只能是主持了吉迦夜译经集团的译经活动，真正翻译的人还应该是吉迦夜本人才对。译经过程中，作为笔受者，历史记录非常清晰，他就是法武，即刘孝标。历史记载表明，吉迦夜集团的译经活动主要发生在延兴年间，而昙曜集团的译经活动主要发生在延兴年及延兴年之前的一段时期。两者译经活动界限分明。

北魏时期的汉译佛经活动，呈现出三个明显特征：一是译经受到朝廷支持或者贵族供施；二是译者众多，涉经范围广阔；三是译家传承，形成义学派别。

二、昙曜及其译经活动

释昙曜，不知何许人也，云冈石窟开凿的倡导者，曾任北魏昭玄统（僧官名），译有《杂宝藏经》《付法藏传》等3部7卷佛经。中土诸经藏目录，常常把昙曜和吉迦夜拉在一起，列为译经合作者。笔者以为，应该尊重历史，将本来有别的两者分开对待。魏收所著《魏书·释老志》中记载明确，僧人昙曜与域外僧人常那耶舍所译佛经共计14部之多，诸经藏目录所载僧传中，在谈到北魏平城时代佛教复兴之时，也往往会提到昙曜在北台石窟寺聚集众多高僧，跟天竺沙门共同翻译《付法藏传》和《净土经》的历史事实。我们知道，昙曜本是北魏平城时代佛教勃兴的重要推动人物，检阅《魏书·释老志》，我们可以找到非常详细的文字记载。后世《续高僧传》对这段佛教事实也立传做了详细记述。

昙曜为首的译经集团，其译经场所主要是北台石窟寺，即现在我们熟悉的云冈石窟，集团成员主要是从天竺、西域远道而来的传教僧人以及从河西凉州辗转而来的热衷佛法的僧侣们。译经集团的主要操刀者，应该是域外僧人常那耶舍和北朝佛法大师昙曜两人。关于常那耶舍本人的详细情况，我们所见正史和佛教传播史里，没见记载。凭借零散文字，我们只能知道，常那耶舍是印度人，一路周游，途经凉州而后辗转到了当时的平城。昙曜与常那耶舍，据诸经藏目录所载，共计翻译佛经14部之多，只是大多散佚，传抄至今只有2部7卷。

一是《付法藏因缘经》，也写作《付法藏经》或者《付法藏传》，原作4卷，后世入藏为6卷，翻译时间是和平三年（462年），翻译地点即北台石窟寺。诸经藏目录有记作"见菩提流支"，或者记作"第二出"，或者记作"吉迦夜重译"等。这种纷杂乱象只能说明一种情况，那就是吉迦夜翻译此经之前，实际上已有译本存世，吉迦夜只是做了修补而已。因此，我们现在所见《大正新修大藏经》中收录的《付法藏传》，当是昙曜和常那耶舍共同译作，并经过了吉迦夜的修订之本。二是《净土三昧经》1卷，该经与声闻于刘宋文帝时期的凉州名僧宝云所译之作，属于同本异出，即同一部佛经不同译本而已。

三、吉迦夜及其译经

名僧吉迦夜，是梵语意译之名，本义"何事"，史书关于他的事迹记录阙如。《开元录》记载说，他能够坚持"游化在虑、守物为心"的佛道操守。法武，即刘孝标，是吉迦夜翻译佛经时的笔录者。因为吉迦夜本人汉语水平有限，凭借他的汉语水平，无法准确传递佛经大义，必须有精通汉语的学者辅助译经，刘孝标承担的就是这样的任务。

吉迦夜所译佛经共4部19卷。

一是《杂宝藏经》，原记作13卷，今本《大藏经》收录10卷，标注与昙曜共同翻译；二是《称扬诸佛功德经》，今本《大藏经》收录3卷，也记作《集华经》《现在佛名经》等题名，实际上，是因为佛教大师鸠摩罗什、求那跋陀罗也翻译了此经，三人译名不同而已；三是《大方广菩萨十地经》，今本《大藏经》收录1卷，是《华严经·十地品》的部分章节的选译本，西晋大师竺法护翻译过此经，题名《渐备一切智德经》，也称《菩萨十地经》，而鸠摩罗什翻译此经时，又题名《十地经》，属于同本异译之作；四是《方便心论》，今本《大藏经》收录2卷，东晋时期佛教大师觉贤曾经翻译过此经，也是同本异出之作。

北魏迁都洛阳后，译经规模进一步扩大，参与佛经翻译的僧侣日渐增多，汉译佛经数量剧增。这个时期的译经活动如日中天，盘点译家名师，代表人物有昙摩流支、勒那摩提、菩提流支、伏陀扇多四家。此处从略。

第三节　汉译佛经与汉语研究

佛教在西汉末年传入中国，汉译佛经也由此产生，而汉译佛经对汉语的影响也就开始了。国内汉语学界对汉译佛经语言研究是比较晚近的事情，相比佛教的传播要晚很多。早在20世纪40年代，吕叔湘在其语法论文《说汉语第三身代词》（英文）、《论毋与勿》、《论底、地之辨及底字的由来》中就开始利用《百喻经》《集经》等汉译佛经中的语例。周一良《论佛典翻译文学》充分肯定了佛经语言对汉语史研究的重要价值。蒋礼鸿《敦煌变文字义通释》有些条目也征引了佛经语料作为例证。王力《汉语史稿》也注意到了汉译佛经材料，在书中就佛教借词和译词做了概述性介绍。不过，这一时期汉译佛经还没有作为汉语史研究的一部分，得到学界的广泛关注，从研究成果和研究学者看，都还比较少。

20世纪80年代以后，汉译佛经的语言价值越来越受到学界的重视。有些学者在中古汉语词汇研究中开始注意佛经资料，作为中土文献的重要补充。江蓝生《魏晋南北朝小说词语汇释》（1988）

已经使用佛经语料作为例证，全书引用佛经书证 69 条。蔡镜浩《魏晋南北朝词语例释》（1990）引用佛经书证达到 425 条。王云路、方一新《中古汉语语词例释》（1992）引用佛经书证多达 972 条。其他学者，例如吴金华、项楚等也在研究中利用了汉译佛经材料，取得了不菲的成绩。这个时期的中古、近代汉语研究中，汉译佛经的语言学价值得到了学者越来越多的关注，成为中古、近代汉语研究的有机组成部分。据统计，自 1980 年至 2005 年，关于佛教文献语言研究的论文共有 376 篇，涉及语音、词汇、语法等汉语研究的方方面面。[①]

综观 30 余年汉译佛经词汇研究，我们看到，汉译佛经词汇研究涉及汉语词汇研究的方方面面，研究视角、研究深度都在不断拓展。从研究内容看，略有如下数端。

一、 词语考释

此类论文数量最多。代表性文章有：胡竹安《〈法显传〉词语札记》（《语文研究》1986 年第 4 期），张联荣《汉魏六朝佛经释词》（《北京大学学报》1985 年第 1 期），梁晓虹《佛经词语札记》（《南京师范大学学报》1984 年第 2 期）、《〈六度集经〉词语札记》（《古汉语研究》1990 年第 3 期），太田辰夫、江蓝生《〈生经·舅

[①] 《佛教文献语言研究论著目录》（1980—2000）载于《汉语史研究集刊》第 4 辑，第 43-55 页，巴蜀书社，2001 年。2000—2005 年论文数据摘自中国知网（CNKI）。

愚经〉词语札记》（《语言研究》1989 年第 1 期），蔡镜浩《魏晋南北朝翻译佛经中的几个俗语词》（《中国语文》1989 年第 1 期），方一新《汉魏六朝翻译佛经释词》（《语言研究》1992 年第 2 期）、《东汉六朝佛经词语札记》（《语言研究》2000 年第 2 期），汪维辉《先唐佛经词语札记六则》（《中国语文》1997 年第 2 期），吴金华《佛经译文中的汉魏六朝语词零拾》（《语言研究集刊》第 2 期，江苏教育出版社，1988 年），颜洽茂《魏晋南北朝佛经释词》（《杭州大学学报》1996 年第 1 期），何亚南《汉译佛经与后汉词语例释》（《古汉语研究》1998 年第 1 期）、《汉译佛典与传统文献词语通释二则》（《古汉语研究》2000 年第 4 期）等等。

除了上述单篇论文，李维琦出版了 2 部考释佛经词语的著作：《佛经释词》和《佛经续释词》，这 2 部著作对汉译佛经中近 400 余条词语进行了考辨，挖掘了一批新词新义，对部分词条的前人之说有所补正。在考释方法上注重贯通古今，多角度进行论证，所得结论大多可靠。此外，其他汉译佛经语言研究著作也考释了一些佛经词语，例如朱庆之《佛典与中古汉语词汇研究》，颜洽茂《佛教语言阐释——中古佛经词汇研究》，王绍峰《初唐佛典词汇研究》等。

二、 汉译佛经常用词研究

一般说来，汉译佛经词汇与同期中土文献相比，口语化程度相对要高些。因此，一些学者对此也做了比较深入的研究。例如徐时仪《古代口语与佛经中的口语成分考察》(《宜春师专学报》1991年第4期),梁晓虹《口语词研究的宝贵材料》(《福建师大学报》1990年第3期)等。

汉译佛经作为口语化程度较高的语料,是研究汉语常用词演变的首选语料。例如朱庆之《佛典与中古汉语词汇研究》、颜洽茂《佛教语言阐释——中古佛经词汇研究》等专著均对佛经文献的口语性做过详细论述。汪维辉《东汉—隋常用词演变研究》中就将汉译佛经作为了重要语料来使用。这些著作把佛经与中土文献结合起来开展词汇研究,得出的结论更全面、更准确。

三、 佛经词汇对汉语的影响

此类论文有 24 篇。汉译佛经和中土文献相比具有自己独特的风格,其中最重要的是,它的口语性较强,保留了许多当时的口语词和俗语词;词语的复音化程度高,双音词比例较同期中土文献有较大提高。这些特点对汉语的发展都会在不同程度上产生影响。

许多学者从这个角度发表了许多有价值的学术论文。例如朱庆之《佛经翻译与中古汉语词汇二题》(《中国语文》1990年第2期)和《试论佛典翻译对中古汉语词汇发展的若干影响》(《中国语文》1992年第4期),梁晓虹《汉魏六朝译经对汉语词汇双音化的影响》(《南京师大学报》1991年第2期)和《佛教典籍与近代汉语口语词》(《中国语文》1992年第3期),王云路《试论外族文化对中古汉语词汇的影响》(《语言研究》2004年第1期),等等。

四、佛经汉译年代和译者考察

此类论文数量不多,仅见7篇。例如曹广顺、遇笑容《也从语言上看〈六度集经〉与〈旧杂譬喻经〉的译者问题》(《古汉语研究》1998年第2期)和《从语言的角度看某些早期译经的翻译年代问题——以〈旧杂譬喻经〉为例》(《汉语史研究集刊》第3辑,巴蜀书社,2000年),方一新《翻译佛经语料年代的语言学考察——以〈大方便佛报恩经〉为例》(《古汉语研究》2003年第3期)、《〈分别功德论〉翻译年代初探》(《浙江大学学报》2003年第5期)和《〈兴起行经〉翻译年代初探》(《中国语言学报》第11期,商务印书馆,2003年),等等。

此外,有些学位论文考察佛经语言,对某些佛经的翻译年代和译者也做出了自己的判断。例如史光辉博士论文《东汉佛经词汇研究》中《〈大方便佛报恩经〉翻译时代考》一章(浙江大学2001年),季琴博士论文《三国支谦译经词汇研究》中《〈撰集百缘经〉的作者及成书年代考辨》一章(浙江大学2004年),等等。

已有成果中,对汉译佛经词汇研究的论文,还涉及以下几个方面。

(1) 同经异译。例如董琨《"同经异译"与佛经语言特点管窥》(《中国语文》2002年第6期),胡敕瑞《略论汉文佛典异译在汉语词汇研究上的价值——以"小品般若"汉文异译为例》(《古汉语研究》2004年第3期),等等。

（2）佛经词语构造。例如梁晓虹《汉魏六朝佛经意译词初探》（《语言研究》1987年第1期）、《汉译佛经中的"比喻造词"》（《暨南大学学报》1991年第2期）和《佛教词语的构造与汉语词汇的发展》等，均对佛教词语的构成进行了较为深入的研究。颜洽茂《佛教语言阐释——中古佛经词汇研究》对佛教词语的构成也有较为详尽的论述。

（3）佛经词语词义研究。例如颜洽茂《试论六朝译经中词义发展演变新趋向》（《古籍文献与文化论丛》，中华书局，1997年），朱庆之《从魏晋佛典看中古"消息"词义的演变》（《四川大学学报》1989年第2期）等。

（4）佛经词汇与辞书编写。例如颜洽茂《利用六朝佛典编写汉语语文辞书》（《辞书研究》1988年第5期），梁晓虹《汉语佛经与汉语辞书》（《辞书研究》1990年第1期）等。

（5）佛经词汇研究的汉语史价值。例如俞理明《汉魏六朝佛经在汉语研究中的价值》（《四川大学学报》1987年第4期），唐钰明《利用佛经材料考察汉语词汇语法史札记》（《中山大学学报》1993年第4期），梁晓虹《从〈佛说孝顺子修行成佛经〉看"伪疑经"在汉语史研究中的价值》（《汉语现状与历史的研究》，中国社会科学出版社，1999年）等。

客观来说，自20世纪80年代以来，汉译佛经词汇研究已经取得了较为丰硕的成果，上文论述可见一斑。然而，从汉语史研究角度审视这些研究成果，我们仍会发现如下问题。

（1）用力不均衡。汉译佛经词语考释，学者们用力最勤，成果也较多；佛经词汇对汉语的影响，人们也比较关注。然而，对于佛经词语在汉语常用词演变研究中的作用、"同经异译"研究则相对较少。尤其是汉译佛经与中土文献、汉译佛经的比较研究更为薄弱。据笔者所知，前者有胡敕瑞的《〈论衡〉与东汉佛典词语比较研究》、陈秀兰《魏晋南北朝文与汉文佛典语言比较研究》，后者有胡湘荣《鸠摩罗什同支谦、竺法护译经中语词的比较》(《古汉语研究》1994年第2、第3期)。此类研究目前数量不多。

（2）缺乏微观研究。汉文佛典撰译的主要时期是东汉至宋代，总数达到2148部，共计8736卷。按照汉语史的分期，东汉魏晋南北朝为中古汉语时期，隋唐五代为中古汉语到近代汉语的过渡时期，宋代至清代为近代汉语时期，那么，汉文佛典的语言正好反映的是整个中古时期，以及中古向近代过渡时期的汉语状况。对于数量如此庞大、如此有价值的汉语语料，即使我们排除那些口语化不强，甚至时代不确定的佛经，余下的数量也相当可观。目前，我们见到的研究成果多为断代研究，而且主要集中在东汉时期，其他时期佛经的专人、专类词汇研究成果并不多。我们以为，以中古汉语词汇研究为例，应当有专书语词研究、专类体裁语词研究、专题语词研究、断代语词研究、通代语词研究、断代词汇史研究。如果缺乏对佛经词汇的专书、专类等微观的研究，那么对整个佛经语言的总体把握也无从谈起。

（3）佛经词语研究同中土文献结合不够。已有成果中，就佛经谈佛经最多，很少能将佛经词语与同期中土文献联系起来探讨当时较为真实的汉语词汇面貌。王云路、方一新《中古汉语语词例释》

所释的词语，有许多词条就充分利用了佛经材料，将中土文献与佛经文献综合起来考释词义，取得了较好成绩。何亚南《汉译佛经与后汉词语例释》（《古汉语研究》1998年第1期）、《汉译佛典与传统文献词语通释二则》（《古汉语研究》2000年第4期）明确提出，应该在词语考释中将佛经语料与中土文献相结合。

（4）汉译佛经词汇研究与原典结合不够。佛经作为翻译语言，如果我们要做深入研究的话，结合佛经原典就是比较有效的途径，目前，这方面研究还不多。我们只见到朱庆之《汉译佛典语文中的原典影响初探》（《中国语文》1993年第5期）、《汉译佛典在原典解读方面的价值举隅——以 KERN 英译〈法华经〉为例》（《学术集林》第6辑，上海远东出版社，1995年），辛岛静志《〈法华经〉汉译的文本研究》（日本山喜房佛书林，1992年）等。

第四节　《贤愚经》概况

《贤愚经》[①]，别名《贤愚因缘经》，共13卷，69个故事，或属本生，或属譬喻。故事生动曲折，寓言和传说相互错杂，叙事与说理相间，把佛理寓于世间一切事物中，生动形象，传乎其神。这些

---

① 本文所引的佛典及其例句均出自日本《大正新修大藏经》。例句后标注《大正藏》卷数、页数和栏数。比如"3/876/c"，表示所引例句在《大正藏》第3册876页下栏。本文中除了少数几个为不影响文意和电脑字库原因而必须保留的繁体字外，其余均采用通行的简体字。

故事不但对于一般的平民百姓有着深刻而积极的教化，对于仁爱慈悲的道德建设也有着积极而深刻的促进功能。

《贤愚经》中的一些故事经过民间广泛流传，已成为文学、艺术作品的原始资料而广为引用。很多后代戏曲和绘画作品都有这些故事的写照，《法苑珠林》《经律异相》等著述也常有提及。《贤愚经》原为 13 卷 62 品，后世流传过程中，各类藏本变成了 69 品。译介本除了汉文外，还有藏、蒙古、德、英等各种语言译本。《贤愚经》汉文译本由北魏时期的慧觉、威德等 8 位僧人集体编辑译介而成，口语色彩显著，具有很高的语言研究价值。

第二章

《贤愚经》名词研究

第一节 《贤愚经》单音节名词

单音节名词由一个音节构成,在句中独立充当某个句法成分。列举如下:

佛:Buddha 的音译,佛教称一切自己觉悟并使他人觉悟修行圆满成道者,有时用作"佛法"的简称。用作"释迦牟尼"本尊的例证:

(1) 一时**佛**在摩竭国善胜道场。(0349a07)

(2) 一时**佛**在舍卫国祇树给孤独园。(0352b20)

此义现代汉语传承使用,比喻那些身心舒适、安详慈善、生活幸福的人。

用作"佛法"的例证:

（3）初始得**佛**，念诸众生，迷网邪倒，难可教化。（0349a07）

妻：妻子。古指男子的嫡配，今指男子的配偶。例证：

（1）时优婆塞有一亲善居士，请优婆塞及其**妻**子合家奴婢，明日客会。（0380c16）

（2）我今与汝，共为夫**妻**，若有死事，犹望不违，嘱此小事，直作一言，当不相从，我用活为？（0382c20）

子：古代指子女，今专指儿子，没有女儿之意。例证：

（1）是时国中有一辅相，其家大富，然无儿**子**。（0355a20）

（2）婆世踬沙门，往昔之时，与彼女**子**，有何因缘，心染惑着，几致危没？（0442a07）

王：有两个义项：一是汉代以后封建社会的最高封爵，王爵。例证：

（1）**王**即遣人，命请其师，广为大众，说微妙法。（0382a02）

（2）梨师跋**王**，时有一女，端政殊妙，世间希有，王甚爱重，不违其意。（0413c13）

二是泛指首领或者同类中最强最大的。例证：

（3）变身化作金翅鸟**王**，至于大海，恐蹙其龙。（0395a07）。

（4）有四龙**王**，人形来问："欲作城者，为用何物？"（0365b02）

僚：幕僚，属官。例证：

（1）王闻是语，喜不自胜，躬自出迎，前为作礼，敷施高座，请令就坐，即集群**僚**，前后围绕，欲得听闻。（0349a07）

（2）登位之后，处于正殿，群**僚**百官，宿卫侍立。（0404a06）

官：有两个义项：一是政府机关或部队经过选拔具有一定品级的公职人员。例证：

（1）群臣百**官**，夫人婇女，导从前后，躬迎太子，到于界宕。（0414c04）

（2）尔时诸王百**官**群臣见王如是，啼哭懊恼，宛转在地，劝请大王令舍此事。（0349a07）

二是朝廷或政府。例证：

（3）时彼国法，若有沙门白衣舍死，当罚金钱一千入**官**。（0381c14）

（4）时彼国法，若其命终，家无男儿，所有财物，悉应入**官**。（0382a07）

臣：有两个义项：一是君主时代的臣僚。例证：

（1）时诸小王群**臣**之众，一切大会，以身投地，如大山崩，宛转啼哭，不识诸方。（0350b24）

（2）尔时王波斯匿，及诸群**臣**，一切大众，闻佛所说因缘果报，皆生信敬。（0358b14）

相：有两个义项：一是相貌，名词；根据面貌占卜命运，动词。例证：

（1）即召**相**师，占**相**此儿。**相**师睹已，见其奇**相**，答长者言："儿**相**殊特。"（0359b09）

二是丞相。例证：

（2）是时国中有一辅**相**，其家大富，然无儿子。（0355a20）。

三是动词前置宾语，代词。例证：

21

（3）佛于是日，普令大会一切众生，心心**相**知，各各一人知一切心，所念善恶，志趣业行。(0362c21)

四是相互，副词。例证：

（4）夫为道者，能以法教，转**相**教诫，可谓佛子。(0368c02)

使：有两个义项：一是奉命出使之人，使节，大使，名词。例证：

（1）时一国王，名律师跋蹉，闻其有女，端政绝世，王即遣**使**，往告求婚。(0364c16)

二是使令，动词。例证：

（2）父怪其静，**使**人踰入，开门视之，见女如是，即问女言："汝何以尔？有人侵汝污辱汝耶？"（0381b29）

父：父亲。例证：

（1）出家在家，慈心孝顺，供养**父**母，计其功德，殊胜难量。(0356a27)

（2）汝**父**在时，我以河水，用与汝**父**，汝**父**已终，宜当还我。(0403c12)

象：哺乳动物，陆地上最大的动物，耳朵大，鼻子呈长圆筒形状，可以蜷曲和伸展，多数有一对又长又大的牙齿伸出嘴外，全身体毛稀疏，皮厚，吃嫩绿的树叶，可以驯化驮运货物。例证：

（1）于时其王，勅语臣下，乘八千里**象**，遍告诸国言："月光王却后七日，当持其头施婆罗门。"（0424b03）

（2）时有一**象**，不能出子，佛勅指鬘，往说诚言："我生已来，不杀一人。"（0424b03）

鸽：鸽子。例证：

（1）说是偈已，毗首羯摩自化为**鸽**，帝释作鹰，急追鸽后，临欲捉食。（0351c26）

（2）往昔菩萨，以一**鸽**故，犹自屠割，不惜身肉。（0375a14）

鹰：鸟类的一科，性凶猛，捕食小兽及其他鸟类。例证：

（1）汝化为鸽，我变作**鹰**，急追汝后，相逐诣彼大王坐所，便求拥护，以此试之，足知真伪。（0351c05）

（2）尔时目连，犹如猛**鹰**衔于小鸟，飞腾虚空。（0377c27）

男：主要构成"男儿""男女"两个合成词，单用9次，包括两个义项：①男性，与"女"相对。②儿子，也作儿子对父母的自称。例证：

（1）时有一老母，唯有二**男**，偷盗无度，财主捕得，便将诣王，平事案律，其罪应死，即付旃陀罗，将至杀处。（0352b2）

（2）月满生**男**，形体端正，父母爱念，施设美膳，延请亲戚并诸相师，共相娱乐，抱儿示众，为其立字。（0416b23）

虎：通称老虎，性凶猛，力气大，捕食鸟兽，有时伤人。例证：

（1）时月光王国豫有种种变怪兴现，地处处裂曳电星落、阴雾昼昏雷电霹雳，诸飞鸟辈于虚空中，悲鸣感切自拔羽翼，**虎**豹豺狼禽兽之属，自投自掷跳踉鸣叫。（0389a10）

（2）空中崩声，曳电星落，阴雾霹雳，地处处裂，飞鸟之类，悲鸣感切，挫戾其身，自拔羽翼，**虎**狼狮子走兽之属，鸣吼人间，宛转于地。（0391c20）

亲：主要构成"亲善""亲友""宗亲"三个合成词，单用3次，包括两个义项：①有血缘或婚姻关系的亲人；②父亲和母亲，也单指父亲或者母亲。例证：

（1）唯愿二**亲**，为我请佛及比丘僧。（0354a23）

（2）相师占已，语其二**亲**：斯子福德，荣焕宗族。（0441b27）

僧：梵语"僧伽"音译的省称，原意为"和合"，指出家佛教徒众四人以上组成的佛教团体，后来单个出家的佛教徒也叫僧。在佛经中，僧只做叙述语使用，不做称谓语，称谓语作"本僧""小僧""山僧""老僧"等。现代汉语中，"僧"很少使用，多作为词根构词使用，例如僧人、僧徒、僧侣、僧尼。例证：

（1）于时如来及与众**僧**，从王舍城，往毗舍离。（0361b27）

（2）尔时太子，名曰祇陀，施设供具，请佛及**僧**，遣使白佛。（0386b01）

鬼：迷信指人死后的魂灵。例证：

（1）彼**鬼**是时，生五百子，初生已竟，极怀饥渴，见差摩来，望以为食。（0370b09）

（2）诸疫**鬼**辈，恒噉人血气，用自济活。（0360b20）

神：宗教中指天地世界万物的创造者和统治者。迷信的人指天神或者才德精湛的人物身后的精灵。例证：

（1）我又更有奇特之事。此舍有**神**，与我亲厚，如有女人，共相往来。（0374b22）

（2）我布施时，此**神**语我："此阿罗汉，此阿那含，此斯陀含，此须陀洹，此凡夫，此持戒，此破戒，此智慧，此愚痴。"

(0374b22)

胎：人和哺乳动物在母体内孕育的幼体。例证：

（1）经于数时，其王夫人，便觉有**胎**。(0403a19)

（2）时有一塔，中有菩萨本从兜率天所乘象来下，入母**胎**时像。(0432a21)

兵：包括三个义项：①军队，士卒；②武器；③军事，战争。经文主要使用第一个义项。例证：

（1）后六国王，闻律师跋蹉有绝妙之女，各贪欲得，兴**兵**集众，竞共来索。(0365a02)

（2）阎浮提内，都勒发**兵**，当集汝国。(0391b24)

妇：包括两个义项：①妻子；②女性的统称。例证：

（1）还到宫中，穷责其**妇**："汝前何以夜弃我亡？"(0365a16)

（2）尔时长者，有一男儿，犹未能行，其**妇**泣曰："我今与汝，共为夫妻，若有死事，犹望不违，嘱此小事，直作一言，当不相从，我用活为？"(0382c20)

女：包括两个义项：①女性，女人；②女儿，父母的女孩子。例证：

（1）时一国王，名律师跋蹉，闻其有**女**，端政绝世，王即遣使，往告求婚。(0364c16)

（2）往到其家，打门作声，**女**问："是谁？"答言："沙弥，为师迎食。"(0381a19)

吏：官府中的差役、役吏。例证：

（1）**吏**即如教，即往推觅，得一贫穷豪姓之子。**吏**便唤之，将

至王所。(0357b11)

(2) **吏**复更白："前所残物，三分之中已更用二。"(0405c19)

卿：包括两个义项：①古代对男子的敬称；②古代君对臣的当面称呼。例证：

(1) 佛告须达："更无有二如**卿**之者。舍卫城中，人多信邪，难染圣教。"(0419b14)

(2) 波斯匿王，情倍踊跃，召梨耆弥，而问之曰："顷来诸事，**卿**何由知？"(0400c15)

夫：指女子的另一半，夫婿。例证：

(1) 妇见其**夫**，两目完净，端正威相，未曾所睹，喜不自胜，往白其父。(0414a25)

(2) 妇性弊恶，恒骂其**夫**，女等更互来求所须，比未称给，瞋目啼哭。(0427c29)

国：国家。例证：

(1) 过去久远阿僧祇劫，于阎浮提作大**国**王，名虔阇尼婆梨，典领诸**国**八万四千聚落，二万夫人婇女，一万大臣。(0349b24)

(2) 尔时**国**内，有豪富长者，生一男儿，面首端政。(0359a02)

家：包括四个义项：①家族；②家人；③家庭住所；④学术或艺术流派。经文多用第三个义项。例证：

(1) 出**家**在**家**，慈心孝顺，供养父母，计其功德，殊胜难量。(0356a27)

(2) 时彼**家**中，常令使人入林取薪，是时使人，早赴入林，上

树采薪。（0373c21）

法：本义指刑法，泛指法律。《释氏要览》引《般若灯论》云："何名法？若欲得人天善趣，即解脱乐。佛知众生诸根性，欲不颠倒故，欲不颠倒故，说人天道及涅槃道，故名法。"后引申为规章、制度、规则、标准、常理、常规、方法、做法等义，佛经特指佛法。例证：

（1）尔时太子，求**法**不获，愁闷懊恼。（0350c16）

（2）尔时梵王，于如来前，合掌赞叹，说于如来先身求**法**，为于众生凡有千首。（0352b12）

苦：苦难，痛苦和灾难。例证：

（1）一切皆无常，生者皆有**苦**，诸法空无生，实非我所有。（0350a19）

（2）此恒伽达者，先世之时，种何善根，投山不死，堕水不溺，食毒无**苦**，箭射无伤，加遇圣尊得度生死？（0355c13）

业：梵文 karma 的意译，音译"揭磨"，义为造作，泛指众生有意识的一切活动，一般指身、语、意三业。身业指身体所做，举手投足等做的一切事；语业或口业谓发生说话哼唱等；意业即心所法中的思，蕴含审虑、决议、头脑、联想等认识行径，身、语二业皆由思策动，意业连接于身、语二业中，身、语二业为假，意业为实。例证：

（1）尔时世尊，因为四众广说诸法，善**业**应修，恶行应离，敷演分别四谛妙法。（0402a02）

（2）身口意**业**，不可不护，缘是比丘不能护口，获报如是。

27

（0430b25）

（3）时阿难等，闻说是已，欢喜勤修，造诸福**业**，心怀踊跃，顶戴奉行。（0439b03）

缘：原因，来由，缘故，由来。例证：

（1）尔时众会，闻佛自说宿世本**缘**，尔时会者皆各悲叹，感佛奇特慈孝之行，其中有得须陀洹者、斯陀含者、阿那含者、阿罗汉者，有发无上正真道者，有住不退地者。（0357a27）

（2）懈怠懒惰人，虽有大**缘**，犹不发意趣向佛道。（0372a03）

报：佛教所说善恶业报共有四种类型：①现报，今生造业今生受报，乃至当时受报，多说于佛法中所做善业及五逆等极重恶业受现报；②生报，此生造业此生就会受到报应或者回报，并不是隔了一世再受到报应或回报；③后报，此生造业，后来的世甚至特别遥远的后世受到报应或者回报；④无报，无记业及做后至心忏悔，依佛法修灭罪法而成就者，不受报。例证：

（1）如来先昔，造何功德，而乃有此多塔之**报**？（0368c23）

（2）大王所刑，非适为之，此人自种，今受其**报**，由杀一牛，犹尚如是。（0401c26）

方：方法，谋略。例证：

（1）时诸小王群臣之众，一切大会，以身投地，如大山崩，宛转啼哭，不识诸**方**。（0350b24）

（2）我今有忧，缠绵我心，夙夜反侧，何**方**能释？（0388c16）

戒：防止众生、僧徒做错事、恶事。例证：

（1）何以故？**戒**为入道之初基，尽漏之妙趣，涅槃安乐之平

途。(0380a19)

(2) 将至精舍，授其十**戒**，年满二十，便授具足，白四羯磨竟，得阿罗汉道，三明六通，皆悉满具，言辞巧妙，所演无穷，便集众人，欲为说法。(0443a09)

网：用绳线等结成的捕鱼或者捕鸟兽的工具。例证：

(1) 其捕鱼者，作三种**网**，大小不同，小者二百人挽，中者三百人挽，大者五百人挽。(0422c01)

(2) 时有猎师，张施罗**网**，五百群雁，堕彼**网**中，为猎师所杀。(0437b29)

首：包括两个义项：①头；②首领。例证：

(1) 尔时梵王，于如来前，合掌赞叹，说于如来先身求法，为于众生凡有千**首**。(0352b12)

(2) 我今最尊，位居豪**首**，人民于我各各安乐。(0349b24)

果：包括两个义项：①植物所结的果实；②修行或者事情的结局，成果。例证：

(1) 昨夜二天，来觐世尊，威相晔着，净光赫奕。昔种何德，获斯妙**果**？(0353b22)

(2) 于时如来，化其两边，成两宝山，严显可观，众宝杂合，五色晖耀，光焰炜晔，若干种树，行列山上，华**果**茂盛，出微妙香。(0362b19)

单音节名词频次如下：佛（1417）；生[1]（617）；妻（58）；子（622）；王（1666）；僚（2）；官（11）；臣（259）；君（15）；相[1]（34）；使[1]（83）；父（299）；首（27）；象（169）；鸽（15）；鹰

（9）；男（80）；虎（21）；亲¹（17）；僧（226）；敌（9）；鬼（36）；神（165）；胎（13）；兵（50）；师（383）；妇（188）；女（337）；吏（10）；卿（64）；戒（8）；狗（3）；人（1326）；萤（1）；牛（57）；蚁（11）；蛭（1）；马（60）；夫（65）；兽（34）；蝇（7）；贼（20）；帅（1）；蛇（61）；贾（45）；虫（27）；鹅（1）；鱼（54）；豹（1）；豺（1）；狼（9）；乌（4）；国（584）；城（183）；海（179）；山（124）；川（8）；物（96）；民（24）；地（230）；雨（65）；泪（39）；江（7）；泉（20）；家（454）；尘（16）；土（62）；域（13）；众（5）；德（29）；力（129）；法（486）；礼（125）；恩（64）；令¹（330）；方（88）；愿¹（333）；志（93）；意（323）；理（65）；欲¹（270）；厄（29）；缘（188）；趣（53）；念¹（271）；福（189）；道（392）；音（49）；言¹（1329）；心（591）；咎（14）；罪（74）；阴（10）；慧（74）；业（55）；声（120）；利¹（255）；期¹（15）；情（91）；禄（5）；劫（101）；灾（7）；伦（6）；兆（5）；眼（113）；血（33）；火（64）；头（183）；足¹（262）；掌（40）；灯（39）；钉（7）；草（31）；皮（24）；纸（2）；骨（24）；笔（2）；墨（2）；刀（30）；钩¹（6）；盘（72）；臂（8）；腋（1）；炬（2）；木（72）；牙（9）；船（45）；舌（17）；车（43）；汤（11）；水（167）；谷（38）；药（33）；弓（21）；箭（15）；剑（10）；衣（177）；服（63）；钵（47）；物（96）；肉（98）；节¹（17）；尾（4）；钥（5）；酒（11）；垢（23）；薪（18）；花（57）；石（19）；珠（90）；屏（7）；乳（16）；果（131）；瓶（21）；叶

(42);风(40);渠(3);脐(2);器(23);画[1](4);田(27);鱼(54);膏(1);被[1](7);镜(10);鞭(4);斗(4);木(72);冠(9);丸(9);麦(3);沙(189);铃(8);税(2);辇(3);舆(6);所[1](410);林(79);径(15);迹(21);园(104);舍(473);处[1](103);室(8);庙(5);边(54);宅(11);宫(100);殿(40);陌(12);街(11);楼(14);观(102);塔(31);井(4);市(11);户(24);坑(18);门(373);狱(56);昼(11);夜(80);日(422);年(119);晨(14);旦(7);前(298);中[1](488);上(359);下(202);后(299);内(134)。

第二节 《贤愚经》双音节名词

双音节名词由两个相同或者不同的音节构成，其中双音节单纯词详见后面章节，例如"比丘""沙弥""菩萨""袈裟""琉璃""罗汉"等，此处从略。双音节合成词列举如下：

臣民：联合式。例证：

（1）此国中王名因陀婆弥，与诸臣民，亦来奉迎。(0362a04)

（2）佛说是时，洴沙王等，诸王臣民，四辈之众，天龙鬼神，闻佛所说，有得须陀洹、斯陀含、阿那含、阿罗汉者，有种辟支佛善根本者，有发无上大道心者，或有迁住不退地者。(0366a06)

德行：德，品德；行，操行。联合式。例证：

（1）尔时阿难，甚用欢喜，嗟叹如来若干**德行**，前白佛言。（0371b10）

（2）其弟子往至于中道，闻人说佛无量**德行**，思慕欲见，即往趣佛，未到中间，为虎所噉。（0432b14）

身命：联合式。例证：

（1）过去世时，慈孝父母，不惜**身命**，能以身肉，济救父母危险之命，其事云何？（0356b03）

（2）如卿今日，宁全**身命**，出家学道？为宁堕地，娶彼女耶？（0441c25）

冥暗：也作"黑暗"。联合式。例证：我非但今日，除其**冥暗**，乃往久远，无量劫时，亦为此等除大黑暗。（0393b08）

懊恼：愁闷苦恼。联合式。例证：

（1）尔时太子，求法不获，愁闷**懊恼**。（0350c16）

（2）是时阿难，析体爱重，惋恨情深，悲哽**懊恼**，白世尊言。（0416b17）

欣戴："欣"指"喜悦、欢乐"，"戴"指"感恩戴德"。联合式。例证：于时罗阅祇人，**欣戴**无量，莫不赞叹。（0359c09）

久远：联合式。例证：

（1）过去**久远**，有佛世尊，号毗婆尸，集诸大众，为说妙法。（0385c20）

（2）非独今日先度五人，我于**久远**，亦济此等，以身为船，救彼没溺，全其生命，各得安隐，得至彼岸。（0422a03）

大王：包括三个义项：①古代人们对最高统治者或者对各王族封侯之人的敬称；②对某种事情产生垄断作用的人；③对某类技能很擅长的人。偏正式。例证：

（1）尔时**大王**，摩诃罗檀那者，岂异人乎？今我父王阅头檀是。（0353b08）

（2）过去久远，无量无边阿僧祇劫，此阎浮提，有一**大王**，名大光明，有大福德，聪明勇慧，王相具足。（0372a17）

慈父：偏正式。例证：

（1）王有慈悲，矜及一切，人民蒙赖，谷米丰贱，感佩王恩，犹视**慈父**。（0349b24）

（2）王有慈悲，愍念一切，养育民物，犹如**慈父**，化导以善，民从其度，风时雨顺，四气和适，其国丰乐，群生蒙赖。（0390c22）

身体：偏正式。例证：

（1）时此国中，有一长者，其家大富，财宝无数，生一男儿，**身体**金色。（0384b21）

（2）生忉利天，父母膝上，忽然生长，如八岁儿，**身体**端严，颜貌无比，光相明净，喻若金山。（0437b2）

太子：偏正式。例证：

（1）尔时**太子**，名曰祇陀，施设供具，请佛及僧，遣使白佛。（0386b01）

（2）须达欢喜，到**太子**所，白**太子**言："我今欲为如来起立精舍，**太子**园好，今欲买之。"（0419c07）

夫人：偏正式。例证：

（1）尔时波斯匿王最大**夫人**，名曰摩利，时生一女，字波阇罗。(0357b11)

（2）时驳足王，有二**夫人**，一王者种，二婆罗门种。(0425b06)

眷属：偏正式。例证：

（1）时彼天中，有一天子，五百有天子，以为**眷属**，宫殿严丽。(0384a25)

（2）佛为说法，合家**眷属**，得须陀洹，唯末小儿，未获道迹。(0400c25)

三界：有四种解释：其一指人类在生死轮回过程中所处的欲界、色界以及无色界；其二指色界、尽界以及无色界；其三指断界、离界以及灭界；其四指心界、法界以及众生界。偏正式。例证：

（1）我之所为，不求**三界**受报之乐，所有功德，用求佛道。(0350b24)

（2）我因往昔慈愍众生，恒以财法而摄取之，从是因缘，自致成佛，**三界**独尊，无与等者。(0404a16)

三宝：指佛宝、法宝、僧宝。偏正式。例证：

（1）尔时国中，有一长者，信敬**三宝**，有一男儿，心自思惟。(0380c04)

（2）若有众生，于**三宝**福田之中，种少少之善，得无极果。(0432a21)

四方：指东方、西方、南方、北方四个方位。偏正式。例证：

(1) 过去久远无量阿僧祇劫，此阎浮提有大国王，名曰梵天王，有太子，字昙摩钳，好乐正法，遣使推求，**四方**周遍，了不能得。(0350c12)

(2) 告下遍已，七日头到，大施菩萨，沐浴其身，着新净衣，至平坦地，即持其珠，着高幢头，手执香炉，**四方**求愿。(0409a20)

四众：指比丘、优婆塞，此为男；比丘尼、优婆夷，此为女。偏正式。例证：

(1) 尔时世尊，因为**四众**广说诸法，善业应修，恶行应离，敷演分别四谛妙法。(0402a02)

(2) 尔时**四众**，从佛闻说过去因缘，心怀欢喜，深自惋悼悲叹而言。(0438c15)

颜色：包括五个义项：①各种色泽；②脸上的表情或者气色；③容颜外貌；④显露出给他人看的厉害的脸色或者行动；⑤颜料或者染料。经文中多用第二个义项。偏正式。例证：

(1) 其夫往见，**颜色**变异，不与常同，即便问言。(0375a26)

(2) 既到见之，**颜色**怡悦，欢喜解释，踰过于旧。(0426c03)

贪欲：包括三个义项：①时间上不停地要求、索取；②人们贪得无厌的欲望；③程度上过分的要求、求取。偏正式。例证：

(1) 观欲之本，犹如炽火，**贪欲**之心，永不复生，在家之苦，甚于牢狱，诸垢消尽，一时入定，或阿罗汉道。(0368b26)

(2) 夫**贪欲**者，现损身命，终归三涂，受苦无量。(0439b26)

国界：偏正式。例证：

(1) 佛与众僧，游行**国界**，时诸豪富长者子等，施设饭食，供养彼佛及弟子众。(0358c13)

(2) 今此**国界**人民之类，咸共集聚，异口同音，赞咏世尊，若干德行，及与五人，宿有何庆，独先蒙度？(0421c23)

地狱：偏正式。例证：

(1) 行必有报，今此比丘，在于房中，**地狱**之火，从毛孔出，极患苦痛，酸切叵言。(0427c01)

(2) 过去久远，不可称计阿僧祇劫，有二罪人，共在**地狱**，卒驱之使挽铁车，剥取其皮，用作车鞅，复以铁棒，打令奔走，东西驰骋，无有休息。(0439b11)

光明：主谓式。例证：

(1) 佛吐水弃，化成宝池，周匝四边，各二百里，纯以七宝共相间杂，众色相照，**光明**焰奕。(0362b28)

(2) 佛于是日，于高座上，自隐其身，寂灭不现，但放**光明**，出柔软音，分别演畅诸法之要。(0363a26)

世尊：佛陀的尊称，是佛教徒对释迦牟尼的尊称，简称为佛。主谓式。例证：

(1) 尔时**世尊**，乞食时到，着衣持钵，独将阿难，入城乞食。(0352b20)

(2) 昨夜二天，来觐**世尊**，威相晔着，净光赫奕。(0353b22)

惠泽：主谓式。例证：诸婆罗门闻说是语，各自言曰："彼月光王，慈恩惠泽，润及一切，悲济穷厄，如民父母。"(0388c16)

生命：动宾式。例证：

（1）今颇有人，能办斯事救此**生命**，令得存不？（0352c11）

（2）非独今日先度五人，我于久远，亦济此等，以身为船，救彼没溺，全其**生命**，各得安隐，得至彼岸。（0422a03）

誓言：动宾式。例证：

（1）妇时见之，即发**誓言**："使我后世得道如是。"（0368b16）

（2）王立**誓言**："若我有福应为王者，当有自然百味饮食，充饱一切，使无饥渴。"（0439c04）

弹弓：动宾式。例证：取弓舒张，弓声如雷，**弹弓**之音，闻四十里，持弓捉具，便独往击。（0364b09）

生者：附加式。例证：

（1）众生命终，随所爱念，死即生中，或有难言，随所爱着，便往**生者**，谁爱地狱而入地狱者。（0378a28）

（2）一切无常，**生者**皆终，三界皆苦，谁得安者？（0387c10）

长者：附加式。例证：

（1）是时国中有大**长者**，生一男儿，面首端政。（0354a23）

（2）**长者**闻已，怪其如是，即与其女，往至佛所白言。（0382b04）

双音节合成名词频次如下：经卷（16）；凉州（13）；沙门（70）；众生（75）；久远（36）；国王（72）；智慧（21）；世界（8）；国邑（3）；世尊（166）；过去（115）；聚落（15）；大臣（34）；财宝（21）；头发（12）；群臣（28）；夫人（47）；太子（53）；婇女（22）；一切（146）；人民（67）；小王（10）；臣民（35）；贪欲（10）；天地（20）；功德（52）；佛道（29）；身体

(23)；地狱（26）；畜生（13）；佛法（25）；身命（25）；福业（10）；利益（9）；金色（30）；心意（13）；因缘（57）；饮食（51）；大海（28）；形体（11）；信心（16）；珍宝（24）；须发（24）；法衣（15）；天帝（17）；衣服（22）；林树（7）；生命（4）；面貌（12）；居士（13）；日月（19）；金钱（10）；明日（22）；福德（30）；相师（18）；衣食（16）；兄弟（11）；虚空（36）；说法（63）；神力（19）；莲花（10）；父王（18）；男儿（30）；颜色（10）；苦痛（12）；百岁（11）；奴婢（13）；财主（5）；法轮（8）；尘垢（3）；慧心（1）；法海（3）；法幢（2）；山川（7）；宫门（4）；群僚（2）；慈父（3）；豪首（1）；村落（3）；床褥（4）；大师（6）；法言（1）；白骨（2）；宝物（7）；儿子（2）；天神（5）；力势（5）；毒气（2）；偈言（5）；魔王（8）；火炕（4）；使者（5）；仙士（3）；法鼓（5）；法炬（1）；润益（4）；财主（5）；诚心（3）；重罪（2）；设计（2）；天眼（6）；死尸（5）；言辞（4）；道迹（7）；妙果（3）；戒法（3）；门监（2）；亲友（6）；危害（6）；堂舍（2）；床席（4）；神通（4）；家业（7）；铁丸（3）；甜言（1）；铁钩（1）；好事（3）；导师（8）；男子（7）；海神（5）；形貌（6）；海水（6）；服饰（3）；王法（5）；交通（4）；生命（4）；妙理（1）；甘膳（6）；智德（1）；肌体（1）；外人（3）；女婿（1）；英才（1）；国界（6）；野泽（3）；面首（5）；颜容（1）；真伪（2）；施主（3）；小鸟（2）；色界（3）；躯体（4）；福度（2）；才艺（3）；园林（3）；云雾（2）；尘土（4）；粪秽（5）；甘露（7）；血气（1）；

义理（5）；言气（3）；场地（1）；香花（4）；幢幡（4）；清晨（1）；车轮（3）；香气（2）；金山（6）；金光（4）；神珠（4）；国嗣（2）；国事（3）；王位（3）；雪山（1）；株杌（4）；律师（3）；冠饰（1）；夫妻（5）；盲人（2）；明医（2）；江河（1）；良医（1）；孝子（1）；小子（3）；手足（9）；昼夜（6）；经藏（2）；学问（6）；弓弩（1）；毒箭（3）；佛灯（2）；善言（3）；妓女（1）；竹林（4）；眷属（7）；梵天（18）；供具（11）；贾客（9）；枝叶（5）；天王（13）；大家（10）；禽兽（8）；夫妇（10）；父母（60）；心情（6）；门户（7）；弹弓（1）；国邑（3）；精神（1）；家法（2）；骨髓（1）；妙宝（8）；暗室（1）；法王（4）；天尊（2）；贤者（18）；圣尊（4）；木头（1）；宿命（3）；音响（1）；善缘（2）；音信（1）；异心（1）；宝案（1）；器物（4）；福利（3）；稗子（1）；世俗（3）；威仪（12）；家物（1）；道理（6）；惠泽（1）；子孙（6）；耕夫（1）；春日（1）；慧眼（7）；静室（1）；精神（1）；药草（2）；金瓶（2）；自己（2）；罪垢（1）；家属（2）；天宫（10）；村邑（2）；泉水（6）；风患（2）；木工（4）；债主（4）；事实（3）；毒蛇（12）；夫家（3）；昼日（1）；盟要（1）；善根（16）；庶民（3）；弟子（48）；毒药（1）；金盘（1）；私缘（1）；路人（1）；国师（2）；誓言（10）；火星（2）；界宕（1）；刀山（1）；雷电（2）；烦恼（3）；园监（2）；往昔（16）；瑞应（10）；斋文（1）；法性（2）；淫欲（5）；山泽（3）；马吏（2）；恶妇（1）；道陌（2）。

第三章

《贤愚经》动词研究

第一节 《贤愚经》单音节动词

一、关于动词活用

《贤愚经》中依然存在词类活用现象。例证:"且出重募,有能却军,以女**妻**之,分国共治,重加赏赐。"(0365a02)中,"妻"是"男子的配偶"之意,此处用作动词,义为"婚配",这是"妻"的临时用法,它本身的名词功能并没有消失。统计时不把其归入动词。其他词类,临时用作动词均不算动词。

二、关于词的兼类

《贤愚经》中不少词都有多重词性，对于这些身兼数类词性的词语，我们只统计其动词词性，非动词部分不进行统计。例证："佛语阿难：'出家在家，慈心孝顺，供养父母，计其功德，殊胜难量。'"（0356a27）句中的"语"，作"告诉"之意，是动词。又："一切仰瞻，皆闻其**语**，佛为种种显示法要，亦令多众发心求佛，得果生天，数亦难计。"（0363a16），此处用作名词，是"说的话语"。

三、动词的类型

行为动词用来表示人的动作、行为等，包括动作动词和活动动词。这类动词充当句子谓语时，其主语一般情况下是由有生命的人或者是物来充当，其宾语主要是体词性词语及其短语充当。列举如下：

念：意义有三种：①心中或脑中惦记；②心中的打算，想法或者看法；③说，读，诵读。例证：

（1）初始得佛，**念**诸众生，迷网邪倒，难可教化。（0349a07）

（2）后自生**念**："当率兵众更起宫城。"（0365b02）

（3）目连闻已，即作是**念**："此人设当不以生死恐畏之事而怖之者，于出家利，空无所获。"（0377c27）

跪：本义为弯曲膝盖，单膝或双膝着落地面，臀部抬起，把腰伸直。例证：

（1）王即长**跪**，寻白佛言："不审，世尊！过去世时，与六师斗夺其徒众，其事云何？"（0364b07）

（2）时净居天，知光明王应发无上菩提之心，即作神力，令象师**跪**答王言："大王！我唯能调象身，不能调心。"（0372c18）

唱：包括三个义项：①长声高呼；②大声向其他人宣传讲解、演说佛法；③高声地叫卖，僧人死后，寺院将其遗留衣物当众叫卖给其他僧人。本义为高声领唱或者领奏，上古汉语已有此义，佛家所用是其引申义。例证：

（1）**唱**令已讫，沙门婆罗门、贫穷负债、孤苦疾病，诸城道路前后而去。（0405c19）

（2）时有夜叉，踊出殿前，高声**唱**言："东方有国，名弗婆提，其中丰乐，快善无比，大王可往游观彼界。"（0440a19）

系：有四个义项：①联结起来，栓，例如：系缚，系绊，系马；②牵挂，例如：系恋，系念；③是，例如：确系实情；④把人或东西捆起来向上提起来或者是向下送下去。例证：

（1）即便使人，草索**系**脚，拽置寒林中。（0384a25）

（2）于是共别，转前到海，勅语贾人牢治其船，令有七重，候风以至，推着海中，以七张大索，**系**于岸边，便摇铃唱令。（0406c15）

寻：有三个义项：①寻找；②思考，推度；③不久。例证：

（1）**寻**见菩萨，为一切故，舍头布施，皆悉来下，感其奇特，

悲泪如雨。(0390a12)

（2）世尊**寻**时，共诸比丘，往至鱼所，而问鱼言："汝是迦毗梨不？"(0422c13)

（3）恶心已生，**寻**即堕落，当本殿前，委顿欲死。(0440b28)

聚：（将人或物）会和，集合。例证：

（1）见群小儿于道中戏，各**聚**地土，用作宫舍，及作仓藏财宝五谷。(0368c07)

（2）如是种种，勤身苦体，经积年岁，终不衣食，**聚**之不休，乃得七瓶，悉取埋之。(0369b04)

脱：包括三个义项：①离开，掉落；②遗漏；③将某物取下或者除去。佛教特指全身心投入佛的境界。例证：

（1）过去世时，有毗婆尸佛，出现于世，度**脱**众生，不可计数。(0359b23)

（2）阿难问佛："何时当得**脱**此鱼身？"佛告阿难："此贤劫中，千佛过去，犹故不**脱**。"(0423a15)

负：包括两个义项：①驮，背；②欠（钱）。例证：

（1）尔时萨薄，即许之曰："卿但释索，所**负**多少，悉代汝偿。"(0422a10)

（2）我若强力，课留一人，所应得分，我则**负**他，若有自能开意住者，我于会还，当别投报。(0380c16)

（3）唱令已讫，沙门婆罗门、贫穷**负**债、孤苦疾病，诸城道路前后而去。(0405c19)

状态动词具有状态性质，表示某种静止或持续状态。列举

43

如下：

乘：包括两个义项：①骑，坐；②趁着，就着。例证：

（1）于时其王，勅语臣下，**乘**八千里象，遍告诸国言："月光王却后七日，当持其头施婆罗门。"（0389b18）

（2）时王闻之，**乘**车马舆，躬自往求，到檀弥离长者门前。（0430c19）

（3）佛在众中，放大光明，晖曜天地，威踰日月，普与大众，**乘**虚而往，渐欲近王。（0433c21）

生：包括两个义项：①动词，出生；②名词，平民。例证：

（1）此沙门者，宿种何德，**生**于豪贵，小而能言，又复学道，逮得神通？（0354b11）

（2）此金财比丘，本造何福，自**生**已来，手把金钱？（0358c09）

（3）我无子息，承闻天神，功德无量，救护群**生**，能与其愿，今故自归。（0355a20）

著：附着，穿着。例证：

（1）夫人欢喜，即脱己身所著严饰璎珞宝衣，送与陀腻羇。（0383c14）

（2）世尊身上所**著**之衣，有少穿坏，将欲以化应度众生，乞食周讫，欲还所止。（0438c25）

行：包括三个义项：①走；②修行；③执行，从事。例证：

（1）差摩实时，如勅担往，至心持斋，无有缺失，顺道而**行**。（0370b09）

（2）众生由**行**受其果报。（0399a09）

（3）佛说是时，一切众会，欢喜奉**行**。（0354a20）

思：包括两个义项：①想，考虑，动脑筋；②想念，挂念。佛教心法之一，表示令心造作为性，于善品等役心为业，指在身口意三业中起决定作用的"意业"，即意向、动机、谋虑、决断等心理活动，为五蕴中行蕴的主要内容。例证：

（1）尔时目连亦**思**："此人年高老耄，诵经、坐禅、佐助众事，三事悉缺。"（0377b20）

（2）时净饭王，闻佛道成，游行教化多有所度，情怀渴仰，**思**得睹觐，告优陀耶。（0433c12）

遮：包括两个义项：①挡，遮蔽；②掩盖，掩蔽。佛教谓否定名相而归于空，在戒律用语"开遮"中，义为制止。例证：

（1）尔时太子，报谢天王及诸臣民："何为**遮**我无上道心？"（0351a28）

（2）时父病极，于时睡卧，多有虻蝇，数来恼触，父即令儿**遮**逐其蝇，望得安眠以解疲劳。（0418a28）

舍：舍弃，丢弃。佛教心法之一，表示放下警觉、注意、分别等一些心理活动，使得心平静不动，为修禅定过程中入定时的法门或者是关键环节，甚至为必要前提；又为舍弃对苦乐领悟接纳而达到的一种不苦不乐、平静无杂念的心理状态。例证：

（1）鸯仇摩罗已见比丘，**舍**母腾跃，走趣规杀。佛见其来，徐行**舍**去。（0424a18）

（2）时因请佛及比丘僧，明日**舍**食，是时世尊默然许之。

(0429c13)

覆：包括两个义项：①遮盖，蒙；②翻，倾倒。佛教心法之一，部分佛经将它归类于小烦恼地法，法相宗将它归于随烦恼，指的是掩藏自己的过失或者错误。例证：

（1）宜往投归，必能**覆**护，解救危厄。（0351c05）

（2）过去世中，刹罗伽利转轮圣王，以何因缘获如是等无量功德，初入母胎宝盖随**覆**？（0404a22）

感知及心理动词表示人的心理感受及认知等方面的心理活动，富于陈述性而缺乏描绘性，甚至具有一般行为动词的特点。列举如下：

欲：想要，希望，需要。佛教心法之一，大致分两类：一类以染爱尘境为性，被看作污染法，是产生和出现烦恼和苦难的根本，是凡夫贪染的欲望；另一类是对善法、佛法希求之欲，称"乐善法欲"，又名"法爱"，被认为是修道的动力和佛菩萨普度众生的动力。例证：

（1）说是偈已，便**欲**投火。（0351a28）

（2）**欲**知尔时摩诃释仇梨者，今现我父净饭王是。（0365b15）

爱：喜好，喜欢。佛教所讲的爱有褒义和贬义两个含义。褒义和现代汉语相同，指对人或物所持有的深厚而且诚挚的感情，也就是仁爱之爱；贬义是佛家专用的提法，指爱欲、贪欲，是烦恼、罪业、祸乱，不能够超越生死的根源，是众生盲目的蠢动贪求的一种妄情。例证：

（1）其儿渐大，父甚**爱**念，别为作宫，立三时殿，冬温夏凉，

春秋居中，安诸妓侍，以娱乐之。(0405b02)

（2）梨师跋王，时有一女，端政殊妙，世间希有，王甚**爱**重，不违其意。(0413c13)

忍：控制感情按住不让表现。佛家主要是指用慧心、佛法来控制自己，在任何情况下都不愤怒，不产生任何欲念。例证：

（1）当于尔时，不**忍**见我死，而先我前死。(0390b03)

（2）所生母者，于儿慈深，随从爱护，不**忍**曳挽。(0429a22)

趋止动词又叫位移动词，表示动作的趋向，可以单独做谓语或谓语中心。列举如下：

取：包括五个义项：①拿；②选择；③采用；④得到，招致。⑤消去。《贤愚经》用为对不真实东西的执着与追求，作为十二有支之一时，指因贪恋财、色等而生的追求、驰求。例证：

（1）说是偈已，即自书**取**，遣人宣写，阎浮提内一切人民，咸使诵读如说修行。(0351c02)

（2）时彼家中，常令使人入林**取**薪，是时使人，早赴入林，上树采薪。(0373c21)

转：改换方向。例证：

（1）于是共别，**转**前到海，勅语贾人牢治其船，令有七重，候风以至，推着海中，以七张大索，系于岸边。(0406c15)

（2）于是别去，**转**复前行，遥见一城，纯青琉璃，其色清洁，复前往趣。(0407c08)

堕：坠落，堕落，落地。"波逸提"的意译，僧尼戒律中的轻罪，犯了戒律的或者做了坏事的人若不忏悔灭罪，死后将堕入煮烧

47

覆障的地狱，分单堕、舍堕两种。例证：

（1）此恒伽达者，先世之时，种何善根，投山不死，**堕**水不溺，食毒无苦，箭射无伤，加遇圣尊得度生死？（0355c13）

（2）由于尔时一妄语故，**堕**大地狱，多受苦毒；从地狱出，五百世中，常受浑沌之身。（0383a14）

使令动词也称使役动词、祈使动词，含有使令、促动等意义。列举如下：

使：派，差遣。例证：

（1）父怪其静，**使**人踊入，开门视之，见女如是，即问女言。（0381b29）

（2）**使**将盲人，渐到佛所。（0393a24）

让：使。例证：

（1）心极奇怪，寻下迎问，致敬为礼，请令上殿，施七宝床，**让**之令坐，坐已具食种种美味，食已徐问所以来意。（0408a04）

（2）作是语已，乃不**让**食。（0435a02）

令：例证：

（1）尔时有长者，生一男儿，当尔之时，天雨七宝，遍其家内，皆**令**积满。（0359b09）

（2）普**令**大众见佛色身，遍诸天中，从四天王，至色究竟，皆见佛身，放大光明，各为大众，说微妙法。（0363a20）

能愿动词又叫助动词，表示可能、必要或愿望等，列举如下：

愿：乐意，想要，希望。例证：

（1）此金财比丘，本造何福，自生已来，手把金钱？唯**愿**世

尊！当见开示。(0358c09)

(2) 宿有何咎，而获斯殃？唯愿说之。(0368a26)

能：客观条件允许之意。例证：

(1) 此沙门者，宿种何德，生于豪贵，小而**能**言，又复学道，逮得神通？(0354b11)

(2) 夫为道者，**能**以法教，转相教诫，可谓佛子。(0368c02)

得：可能，能够，可以。例证：

(1) 此三人者，非但今日蒙我**得**活，乃往过去，亦蒙我恩而**得**济活。(0352c08)

(2) 愿具开示，并令众会咸**得**解了。(0360b18)

足：①名词，下肢末端部分。例证：彼长者子，以何因缘，无有眼耳舌及手**足**，而生富家，为此财主？(0382b04) ②形容词，满**足**。例证：乞食比丘，少欲知**足**，不储畜积聚，次第乞食，随敷露坐，一食三衣，如是等事，可尊可尚。(0380b06) ③助动词，值得，足以，多在反问句和否定句中。例证：

(1) 今此女人，乃能如是，自割身肉，以供沙门，甚为奇特！我等若舍聚落田宅，岂**足**为难？(0376a16)

(2) 今此国中，有盲婆罗门，当劝勉之往乞王眼，若能得者，军兵**足**却。(0391b24)

愿：包括两个义项：①名词，愿望。例证：时舍利弗呪**愿**已讫，寻便问言："汝于毗沙门天王，有何因缘，而称其名？"(0374b09) ②助动词，希望。例证：此金财比丘，本造何福，自生已来，手把金钱？唯**愿**世尊！当见开示。(0358c09) 又：久共誓

49

愿，其事云何？唯垂哀愍，**愿**为解说。（0359c19）

敢：有胆量做，敢做某事。例证：

（1）人皆藏窜，无**敢**行者，遍行求觅，更不能得。（0424a08）

（2）厨监惶怖，腹拍王前："若王原罪，乃**敢**实说。"（0425c08）

肯：均与"不"连用，愿意、同意。如：不肯食之。（0456a10）例证：

（1）此人借我牛去，我从索牛，不**肯**偿我。（0428c11）

（2）往者端正，不**肯**相见，今日形残，何所看乎？（0442c20）

当：①介词，正当。例证：**当**此之时，王大欢喜，心无悔恨，自立誓愿。（0350a03）②助动词，应当，有推测、猜测之意。例证：佛告阿难："谛听善念！我**当**说之。"（0356b05）又：阿难对曰："如是，诸**当**善听！"（0358c12）

应：包括两种义项：①答应，回应。例证：其父会还，打门唤女，女默不**应**。（0381b29）②助动词，应该，可用于否定句式。例证：

（1）汝**应**作食，汝**应**燃火，汝**应**取水，汝**应**敷席，汝**应**取花。（0374a26）

（2）尔时世尊，因为四众广说诸法，善业**应**修，恶行**应**离，敷演分别四谛妙法。（0402a02）

宜：应当，应该，表建议，可用于否定句。例证：

（1）若欲知者，**宜**善听之！吾当为汝具足解说如是本末，诸当善听！（0386b29）

（2）汝父在时，我以河水，用与汝父，汝父已终，**宜**当还我。（0403c12）

（3）夫太子法，不应妄语，已许价决，不**宜**中悔。（0419c16）

须：必须，应该。例证：

（1）第十五日，洴沙王请佛，佛豫勅王："唯**须**餐具。"（0363b20）

（2）世尊告曰："且住勿解，**须**待食竟。"（0401a21）

（3）尔时长者须达，敬信佛法，为僧檀越，一切所**须**，悉皆供给。（0436c08）

存现动词表示某人或某物存在、变化、消失。列举如下：

有：存在。狭义指众生的生存，包括生存的形态、方式和过程；广义指与无、空相对的存在义。例证：

（1）此阎浮提**有**一大国，名特叉尸利。（0356b07）

（2）乃往过去九十一劫时，世**有**佛名毘婆尸，出现于世，政法教化，度脱众生，不可称数。（0358c13）

单音节动词频次如下：念（198）；跪（43）；礼（54）；投（57）；誓（87）；答（264）；弃（42）；推（41）；宣（47）；说（441）；坐（149）；食（451）；剜（16）；斫（16）；敷（29）；剥（15）；唱（21）；捐（9）；折（12）；捉（56）；持（211）；割（22）；摇（15）；叩（4）；听（220）；刺（24）；舐（4）；扑（2）；扶（8）；献（8）；陈（36）；斩（11）；采（23）；牵（15）；捣（2）；掬（6）；脱（75）；射（14）；杀（170）；抱（12）；拔（28）；捉（56）；偿（8）；磨（10）；舂（2）；系（25）；拽（2）；

摄（34）；演（23）；觅（31）；饮（76）；吹（18）；灌（8）；盛（65）；击（12）；讲（7）；走（31）；立（122）；担（36）；煎（3）；语（415）；画（4）；蹑（11）；买（21）；卖（19）；埋（10）；洗（40）；扇（4）；打（27）；刿（1）；拍（11）；掷（10）；乞（99）；救（36）；设（106）；负（17）；散（47）；怙（8）；钩（6）；索（130）；告（395）；集（85）；谤（8）；授（34）；唤（44）；嘱（20）；施（310）；举（47）；护（67）；烧（19）；刺（24）；煮（7）；炙（1）；截（10）；济（96）；抟（1）；吐（7）；剪（1）；害（97）；慰（12）；受（293）；许（65）；布（96）；导（47）；夺（14）；白（464）；率（18）；统（7）；言（1329）；问（397）；赞（34）；云（159）；薨（3）；思（170）；得（875）；获（89）；迎（38）；燃（25）；改（16）；没（46）；坏（48）；贸（6）；倾（6）；苏（14）；堕（84）；呼（12）；愁（47）；裂（18）；漂（3）；遇（40）；行（412）；指（40）；劳（55）；募（18）；舍（473）；成（186）；试（46）；化（150）；覆（27）；定（63）；瞻（21）；乘（83）；从（258）；生（617）；飞（49）；演（23）；落（43）；著（8）；侍（47）；盛（65）；称（96）；伸（4）；仰（57）；隐（40）；教（129）；劝（47）；掩（4）；忘（16）；亡（30）；闭（22）；守（32）；泣（21）；遮（22）；违（66）；合（117）；争（2）；兴（39）；竖（20）；闻（593）；知（221）；观（102）；乐（140）；见（725）；叹（59）；听（220）；欲（570）；爱（100）；住（122）；迁（4）；诣（92）；转（117）；逼（38）；入（274）；与（455）；取（205）；遣

52

(94)；给（116）；追（17）；还（333）；送（50）；移（6）；进（65）；宿（47）；至（453）；逐（33）；出（470）；绕（13）；使（251）；求（37）；作（529）；为（996）；愿（333）；欲（570）；请（171）。

第二节　《贤愚经》双音节动词

双音节动词包括动作动词、心理动词、存现动词、能愿动词、关系动词。列举如下：

一、动作动词

安置：安放。例证：

（1）其王尔时，注心爱念迦良那伽梨，不失其意，即勅为起三时之殿，冬时居温殿，春秋居中殿，夏时居凉殿，**安置**伎乐，而娱乐之。（0410c11）

（2）护弥长者，欢喜迎逆，**安置**敷具，暮宿其舍，家内搔搔，办具饮食。（0418c13）

拔济：救济、救助。例证：

（1）世尊出世，实多饶益，**拔济**盲冥，恩难称极。（0390c16）

（2）先昔之时，云何**拔济**，令各安隐？（0422a07）

53

白言：对某人说。例证：

（1）尔时阿难，见斯事已，往至佛所，长跪**白言**："世尊！是华天比丘，本殖何福，而得如是自然天华，又能化作床座饮食？"（0359a21）

（2）长者闻已，怪其如是，即与其女，往至佛所**白言**："世尊！彼长者子，以何因缘，无有眼耳舌及手足，而生富家，为此财主？"（0382b0）

报仇：报复敌人。例证：大王无道，枉杀善人，共合兵马，欲为**报仇**。（0401b15）

抱持：拥抱。例证：

（1）时恒伽达密入林中，取其服饰**抱持**而出。（0355a20）

（2）父母亦下，便共**抱持**，别久念想与子相见，一悲一喜。（0414c04）

变易：改变、变化。例证：

（1）其师答言："心未**变易**。"（0359c20）

（2）汝从恶师，禀受邪倒，**变易**汝心，不得定住，昼夜杀害，造无边罪。（0424a18）

别识：分辨、辨别。例证：

（1）此婆罗门，而有一术，众生之中，有八种声，悉能**别识**，知其相禄。（0390b16）

（2）形状毛色，一类无异，能**别识**者实为大善。（0400b11）

宾附：臣服、归附。例证：群臣答曰："悉属大王，但恃遐远，不来**宾附**。"（0391a18）

第三章 《贤愚经》动词研究

秉捉：秉持、掌管。例证：由在彼世，不能谦顺，自恃多财，**秉捉**僧事，暂有微患，懒不自起，驱役圣人，令除粪秽。（0397c21）

布施：用慈悲之心给他人以福利恩惠。例证：

（1）尔时贫人持一瓶水，**布施**僧者，今此金天夫妇是也。（0385a24）

（2）迦良那伽梨太子，**布施**穷困乏短之者，一切施给，皆悉来取。（0411a20）

侧塞：充满。例证：

（1）见于菩萨作法供养，毁坏身体，不顾躯命，欻然俱下，**侧塞**虚空，啼哭之泪，犹如盛雨，又雨天华而以供养。（0350a03）

（2）寻见菩萨剜目布施，咸皆飞来，**侧塞**虚空，散诸华香而用供养。（0391c20）

驰骋：奔跑。例证：有二罪人，共在地狱，卒驱之使挽铁车，剥取其皮，用作车鞅，复以铁棒，打令奔走，东西**驰骋**，无有休息。（0439b11）

出家：远离世俗家庭生活，遁入佛门进行修行。佛语"出家"与"在家"相对。例证：

（1）时捕鱼人及牧牛人，一时俱共合掌向佛，求索**出家**，净修梵行。（0423a19）

（2）如卿今日，宁全身命，**出家**学道？为宁堕地，娶彼女耶？（0441c25）

除去：除掉、去掉。例证：

55

（1）求愿已讫，四方阴云，实时风起，吹诸不净，瑕秽粪扫，皆悉**除去**。（0409a20）

（2）后辞出游，王即听之，勅治道陌，**除去**不净。（0410c11）

辞谢：告别。例证：

（1）油师心悔，粗还**辞谢**，夫妇同心，白辞支佛。（0365b25）

（2）时牧牛人，寻买索与，共相**辞谢**，于时别去。（0413a03）

打击：敲打乐器，引申为攻击，心灵受挫等。例证：七日期满，至平博处，**打击**金鼓，一切都集，六师徒众，有三亿人。（0420a17）

典领：统领、率领。例证：

（1）于阎浮提作大国王，名毗楞竭梨，**典领**诸国八万四千聚落，二万夫人婇女，五百太子，一万大臣，王有慈悲，视民如子。（0350a19）

（2）大王**典领**五百小国，诸国使命。（0411a20）

妨废：妨碍。例证：

（1）若请众僧，就舍供养，则**妨废**行道，道路寒暑劳苦。（0380b06）

（2）舍卫国人，闻有金象，竞集观之，忽闹不静，**妨废**行道。（0431c01）

诽谤：捏造事实，说人坏话。例证：

（1）一切众生，杀人作贼，妄语**诽谤**，下贱等人，皆得出家。（0377a15）

（2）如提婆达多，虽多诵经，以造恶毁戒，堕阿鼻狱；如瞿迦

利，**诽谤**破戒，亦入地狱。(0380c25)

分别：分析解释。例证：

(1) 佛于是日，于高座上，自隐其身，寂灭不现，但放光明，出柔软音，**分别**演畅诸法之要。(0363a26)

(2) 尔时世尊，因为四众广说诸法，善业应修，恶行应离，敷演**分别**四谛妙法。(0402a02)

分身：分娩。例证：

(1) 今我**分身**，而得安隐，由卿活命，益我不少。(0370b09)

(2) 会母**分身**，生我一弟，无有眼耳舌及手足，但有男根，得为财主。(0382a25)

奉行：奉持佛法。例证：

(1) 尔时阿难，及诸众会，闻佛所说，欢喜**奉行**。(0437a28)

(2) 尔时阿难，闻佛所说，欢喜信受，顶戴**奉行**。(0445a04)

改悔：意识到自己的错误并改正。例证：

(1) 后见神变，自**改悔**故，还得端正，英才越群，无能及者。(0358a23)

(2) 时辟支佛，心愍此人，欲令**改悔**，为现神足。(0417c17)

溉灌：浇灌、灌溉。例证：诸大士曰："此事无苦，但勤加功，随时**溉灌**。"(0386b29)

贡献：进贡、献贡。例证：

(1) 八万四千诸小国王，悉遥敬慕，瞻仰所在，四远**贡献**，遣使咨承，略而言之，如奉大王。(0405a04)

(2) 时波塞奇王与诸群臣，专供养佛及于众僧，不暇得往朝觐

57

大王，**贡献**音信，亦悉断替。(0436a08)

归依：归投依附于佛、法、僧，以达到解脱痛苦的境界。例证：

（1）便于道中，卒遇暴风，破碎其船，众人唤救，无所**归依**，或有能得板樯浮囊以自度者，或有堕水溺死之者。(0422a26)

（2）今唯有佛，最解顶法，无极法王，特可**归依**。(0432c13)

行列：排列。例证：

（1）若干种树，**行列**山上，华果茂盛，出微妙香。(0362b19)

（2）时首陀会天，遥见须达，虽睹世尊，不知礼拜供养之法，化为四人，**行列**而来。(0419a28)

教化：教导佛法，使心灵受到感化。例证：

（1）时富那奇，**教化**其兄，令为世尊立一小堂，覆堂村木纯以栴檀。(0395a19)

（2）时净饭王，闻佛道成，游行**教化**多有所度，情怀渴仰，思得睹觐，告优陀耶。(0433c12)

交通：往来通达。例证：

（1）然与中国，不相**交通**。(0398a19)

（2）于时淫女，与王家儿，而共**交通**，贪其衣服众宝所成，利兴义衰，杀而藏之。(0442c20)

救济：归依于佛陀，身心得以解脱。例证：

（1）世尊昔日为法尚尔，云何今欲便舍众生早入涅槃而不**救济**？(0349b18)

（2）当见**救济**，勿便捐弃。(0412c06)

流离：流动。例证：

（1）时王子**流离**，被纯热病，至为困悴，诸医处药，须牛头栴檀用涂其身，当得除愈。（0430c05）

（2）波斯匿王崩背之后，太子**流离**，摄政为王，暴虐无道，驱逐醉象，蹋杀人民，不可称计。（0367a21）

眠睡：睡觉。例证：

（1）夫人**眠睡**梦有三鸽，共戏林野，鹰卒捉得其小者食，觉已惊怖，向王说之。（0352c11）

（2）尔时阿难，于林中坐，忽然**眠睡**，梦见大树普覆虚空，枝叶蓊郁，花果茂盛。（0387b09）

偏袒：裸露。例证：

（1）慧命阿难，前整衣服，**偏袒**右肩，右膝着地，长跪合掌，向佛自说林中所念。（0402c06）

（2）贤者阿难，睹其如是，常怀怨恨，思惟在意，从座而起，**偏袒**右肩，长跪合掌，叹说是事。（0410a11）

披读：阅读。例证：

（1）梨师跋王，奉受**披读**，于是太子，语梨师跋王。（0414b08）

（2）尔时其使，到大王所，**披读**书表，甚增喜踊，告下诸王。（0414c04）

劝勉：劝说、勉励。例证：今此国中，有盲婆罗门，当**劝勉**之往乞王眼，若能得者，军兵足却。（0391b24）

仆输：供应。例证：而彼富家，恒令一奴捕鱼贩卖，**仆输**大

家。(0385b06)

起立：建造。例证：

(1) 我今欲为如来**起立**精舍，太子园好，今欲买之。(0419c07)

(2) 经地已竟，**起立**精舍，为佛作窟，以妙栴檀，用为香泥，别房住止，千二百处，凡百二十处，别打揵椎。(0421a21)

囚执：囚禁。例证：时有大臣，从外边来，见此一人，而被**囚执**，便问左右："何缘乃尔？"(0355c16)

驱逐：驱赶。例证：一时佛在舍卫国祇陀精舍。波斯匿王崩背之后，太子流离，摄政为王，暴虐无道，**驱逐**醉象，蹋杀人民，不可称计。(0367a21)

劝请：劝说。例证：

(1) 尔时梵天，知佛所念，即从天下，前诣佛所，头面礼足，长跪合掌**劝请**。(0349a07)

(2) 长者益欢，情在无量，因复**劝请**，便为立字。(0441b27)

求哀：哀求。例证：

(1) 即除器仗，自投王前，**求哀**请过。(0401c26)

(2) 是时猎师，素穷**求哀**，国王矜愍，与少财物，问猎师言。(0438b14)

受持：领受佛法经典，经常诵读、忆念。例证：

(1) 迦叶如来灭度之后，遗法垂末，有二婆罗门，**受持**八斋，其一人者，求愿生天。(0353b24)

(2) 佛说是法，众会闻者，逮得道证，发心不退，**受持**至教，

欢喜奉行。(0399a20)

摄持：拿起。例证：

(1) 时诸比丘，如命即以罗汉神足，往彼世界，各各自取，满钵还来，**摄持**威仪，自随次第，乘虚而来，如雁王飞。(0386b01)

(2) 时富那奇，**摄持**衣钵，礼佛辞退，至放钵国。(0394c24)

设计：想办法。例证：

(1) **设计**已定，复共前行。(0352c11)

(2) 今当**设计**，往观彼妇。(0357b11)

推觅：寻觅。例证：

(1) 值王夫人热病之极，当须牛头栴檀香木，摩以涂身以除其病，举国**推觅**求之叵得。(0394a22)

(2) 广行**推觅**，形疲心劳，愁闷恼悷，偶到林中，值见如来坐于树下，诸根寂定，静然安乐。(0427c29)

宛转：打滚、爬行。例证：

(1) 于是太子**宛转**辛苦，匍匐而行，渐小前进，到梨师跂陀国。(0413a03)

(2) 时诸小王群臣之众，一切大会，以身投地，如大山崩，**宛转**啼哭，不识诸方。(0350b24)

问讯：拜佛即将结束时，佛教教徒向师长双手合掌，弯曲身体而询问其起居是否安好。例证：

(1) 尔时大女，往适他家，奉给夫主，谦卑恭谨，拂拭床褥，供设饮食，迎来送去，拜起**问讯**，譬如婢事大家。(0382a25)

(2) 时富那奇，与其五百采宝之众，咸以信心至舍卫国，到于

61

佛所，礼敬问讯，因具白佛，求索出家。(0394b29)

修行：修养、实践。佛教行者自身想要达到佛陀体验的境界，必须按照戒律条文、日常生活准则以及精神修养方法进行修养。例证：

（1）说是偈已，即自书取，遣人宣写，阎浮提内一切人民，咸使诵读如说**修行**。(0351c02)

（2）时盖事王七宝具足，典四天下，一切众生，蒙王恩德，所欲自恣，王悉教令**修行**十善，寿终之后，皆得生天。(0404a06)

拥护：守护佛、法、僧。例证：

（1）汝起慈心，**拥护**群生，则此死狗，变成宝饰。(0443b17)

（2）婆罗门欢喜，倍增怡跃，即勅家内夫人婇女，来共**拥护**夫人进止。(0405a04)

造立：建造。例证：尸弃佛时，汝为彼佛，亦于是中**造立**精舍，而此蚁子亦在中生。(0420c25)

庄严：装饰布置，佛教中指通过布置各种工具来装饰道场。例证：

（1）作是语时，世尊即于其前踊出，放大光明，相好**庄严**，譬如忉利天王帝释七宝高车。(0377a15)

（2）**庄严**城内，极令清洁，涂污街陌，遍竖幢幡，饶储华香，当俟供养。(0433c12)

坐禅：端身静坐以修禅。例证：

（1）尔时尊者阿难，于中食后，林间**坐禅**，而自思惟。(0360b09)

（2）尔时于林树间，有一比丘，**坐禅**行道，食后经行，因尔诵经，音声清雅妙好无比。(0437b02)

二、心理动词

爱敬：喜爱、敬佩。例证：

（1）有五百群雁，**爱敬**法声，心悦欣庆，即共飞来，欲至我所，堕猎师网中。(0437c15)

（2）尔时摩竭国中，有一长者，生一男儿，相貌具足，甚可**爱敬**。(0431c01)

爱念：喜爱、想念。例证：

（1）其儿渐大，父甚**爱念**，别为作宫，立三时殿，冬温夏凉，春秋居中，安诸妓侍，以娱乐之。(0405b02)

（2）其祖须达，见之情悦，倍加**爱念**，将至祇洹，奉觐如来。(0441a27)

薄贱：轻视、看不起。例证：

（1）随心所慕，悉得其愿，各乃识真，信敬三宝，**薄贱**六师，舍不承供。(0360c15)

（2）此婢子奴，敢违我教，**薄贱**我儿，吾当杀之。(0393c26)

慈愍：慈爱、怜愍。例证：

（1）世尊！**慈愍**垂矜特隆。(0439b06)

（2）不审宿世，提婆达多，亦为伤害，尔时**慈愍**，其事云何？(0410a20)

感识：感谢。例证：然我垂死，赖其济命，**感识**其恩，未能酬报，何能生心，当害于此？（0366b13）

后悔：事后懊悔。例证：

（1）受性仓卒，少于思虑，事大不当，必致**后悔**。（0391a18）

（2）太子布施，用王内藏，三分之物，向用其二。王可思之，勿令**后悔**。（0411a20）

矜怜：怜悯。例证：

（1）云何一旦为一人故，永舍众庶，更不**矜怜**？（0389b18）

（2）故生此中，受斯恶形，极以慈心，**矜怜**悲念，慈心已满，彼诸蛇毒，皆自除歇。（0407a18）

敬信：尊敬、信赖。例证：

（1）尔时如来观诸盲人，善根已熟，**敬信**纯固，于舍卫国，便住待之。（0393a24）

（2）一时佛在舍卫国祇树给孤独园。尔时长者须达，**敬信**佛法，为僧檀越，一切所须，悉皆供给。（0436c08）

愤恼：忧愁。例证：

（1）后六国王，闻律师跋蹉有绝妙之女，各贪欲得，兴兵集众，竞共来索。时律师跋蹉，甚用**愤恼**，令诸群臣博议其事。（0365a02）

（2）念是事已，益增**愤恼**。（0410a22）

钦慕：敬慕。例证：

（1）王有慈悲，具四等心，恒愍一切，未曾懈厌，常以十善，教诲民庶，四方**钦慕**。（0360b20）

(2) 向闻呗音，清妙和畅，情豫**钦慕**，愿得见识，施十万钱。(0424b10)

轻忽：轻视。例证：尔时世中，有居士妇，躬往请佛及比丘僧，然佛先已可一贫女，受其供养，此女已得阿那含道。时长者妇，自以财富，**轻忽**贫者，嫌佛世尊先受其请。(0371a24)

宗戴：尊重，爱戴。例证：

(1) 于是城中，有一婆罗门，号尼拘楼陀，聪明博达，天才殊邈，王甚**宗戴**，师而事之。(0405a04)

(2) 斯十比丘，甚相钦敬，行则俱进，住在同处，国中人民，莫不**宗戴**。(0441a27)

三、存现动词

存在：存活于世。例证：

(1) 又我先身之母，今犹**存在**，居波罗国，为我唤之。(0354a23)

(2) 何有是事？我兄**存在**，不敢有违。(0417b11)

出现：显露出来。例证：

(1) 乃往过去九十一劫时，世有佛名毗婆尸，**出现**于世，政法教化，度脱众生，不可称数。(0358c13)

(2) 乃往过去，迦叶如来，**出现**世间，灭度之后，有比丘僧凡十万人。(0397c21)

出世：佛教特指如来为了拯救人民，来到世上。例证：

（1）过去久远，有佛**出世**，名毗婆尸，与诸弟子，广度一切，时王臣民，多设供养，作般遮于瑟。(0383b16)

（2）世尊**出世**，实多饶益，拔济盲冥，恩难称极。(0390c16)

复苏：苏醒过来。例证：

（1）于时父母，怜念此儿，爱着伤怀，绝而**复苏**。(0385b06)

（2）时彼一人，筋力鲜薄，狱卒逼之，蹎地便起，疲极困乏，绝死**复苏**。(0439b11)

平复：恢复、痊愈。例证：

（1）若我从始乃至于今，心不悔者，身上众疮，即当**平复**。(0350a03)

（2）作是语已，实时**平复**。(0350b24)

兴现：出现。例证：

（1）时月光王国豫有种种变怪**兴现**，地处处裂曳电星落、阴雾昼昏雷电霹雳，诸飞鸟辈于虚空中，悲鸣感切自拔羽翼，虎豹豺狼禽兽之属，自投自掷跳踉鸣叫。(0389a10)

（2）时快目王国，种种灾怪悉皆**兴现**。(0391c20)

四、能愿动词

可以：可能。例证：

（1）乃往过去无数无量阿僧祇劫，此阎浮提，有一国王，名摩诃赊仇利，领五百小国王，有五百夫人，无有太子**可以**继嗣。(0364b09)

（2）我虽贵族，现无子息**可以**继嗣。（0368a27）

应当：应该。例证：

（1）出家之法，与俗有别，住止处所，**应当**有异，彼无精舍，云何得去？（0419b17）

（2）今此园地，须达所买，林树华果，祇陀所有，二人同心，共立精舍，**应当**与号太子祇树给孤独园，名字流布，传示后世。（0421b12）

五、关系动词

具有：具备。例证：

（1）或有比丘，威仪粗犷，破戒造恶，内亦**具有**贪欲恚痴悭贪嫉妒，如庵罗果内外俱生。（0380b06）

（2）受王封已，父时舍宅，变成七宝，诸库藏中，悉皆盈满，种种**具有**。（0430c05）

譬如：比如。例证：

（1）作是语时，世尊即于其前踊出，放大光明，相好庄严，**譬如**忉利天王帝释七宝高车。（0377a15）

（2）尔时大女，往适他家，奉给夫主，谦卑恭谨，拂拭床褥，供设饮食，迎来送去，拜起问讯，**譬如**婢事大家。（0382a25）

无有：没有。例证：

（1）此宝天比丘，本作何福，而当生时，天雨众宝，衣食自然，**无有**乏短？（0359b21）

(2) 差摩实时，如勅担往，至心持斋，**无有**缺失，顺道而行。(0370b09)

犹如：好像。例证：

(1) 尔时五百贵姓比丘尼，闻说是法，心意悚然，观欲之本，**犹如**炽火，贪欲之心，永不复生。(0368b26)

(2) 是时须达，遥见世尊，**犹如**金山，相好威容，俨然炳着，过踰护弥所说万倍，觌之心悦，不知礼法，直问世尊。(0419a28)

双音节动词频次如下：哀号（1）；爱敬（5）；爱念（17）；安立（1）；安施（1）；安慰（1）；安置（23）；拔济（14）；白言（54）；拜授（4）；颁示（1）；抱持（2）；报谢（3）；报仇（1）；悲怜（1）；悲泣（5）；奔随（1）；崩背（2）；变易（2）；变作（2）；别识（2）；宾附（1）；宾属（1）；秉捉（1）；博撮（1）；薄贱（2）；捕得（3）；哺养（1）；布施（39）；采集（1）；侧塞（4）；缠裹（1）；忏悔（9）；畅演（2）；称计（10）；称数（6）；驰奔（5）；驰骋（1）；出家（87）；出入（4）；出声（3）；出世（22）；出外（12）；出现（9）；出迎（3）；除灭（2）；除去（4）；慈愍（11）；辞退（2）；辞谢（3）；打击（1）；逮得（6）；贷索（1）；祷祠（1）；祷祀（4）；谛察（3）；典领（4）；断除（1）；敦从（1）；夺取（4）；贩卖（3）；妨废（3）；防虑（2）；飞趣（1）；飞腾（5）；飞行（4）；诽谤（4）；分别（18）；分坏（1）；分身（4）；忿恚（1）；奉贡（1）；奉事（10）；奉送（1）；奉行（76）；奉迎（8）；付嘱（2）；扶辅（1）；抚养（1）；抚恤（2）；覆护（3）；覆育（2）；复苏（3）；改悔（3）；溉灌（1）；感戴

(4)；感动（1）；感佩（2）；感悟（1）；感识（1）；告示（5）；告语（9）；耕种（4）；供给（18）；供养（76）；共通（1）；贡献（2）；孤弃（5）；顾愍（2）；观察（5）；观看（8）；观瞻（1）；跪拜（1）；归依（4）；果获（2）；号哭（1）；好乐（3）；呵责（3）；后悔（2）；护持（3）；护养（3）；化伏（2）；化为（5）；化作（18）；还到（13）；还归（16）；唤呼（1）；患厌（1）；毁犯（2）；毁坏（2）；悔恨（9）；获得（2）；行列（2）；集聚（2）；积聚（7）；稽首（12）；给与（5）；济活（7）；系缚（2）；忌讳（1）；寂灭（2）；计算（1）；谏喻（3）；将来（20）；将至（15）；结立（1）；校饰（2）；交通（4）；教化（14）；教诲（3）；教训（1）；嗟叹（2）；解谏（1）；解救（1）；解取（2）；解释（2）；解说（12）；矜及（3）；矜怜（5）；矜愍（11）；经过（1）；经历（10）；经行（5）；经营（2）；惊愕（4）；惊怪（2）；敬爱（8）；敬信（6）；救护（4）；救活（1）；救济（6）；拒逆（4）；捐舍（2）；觉悟（1）；开阐（1）；开导（2）；开悟（13）；看视（4）；惯恼（2）；垦治（2）；牢闭（3）；劳苦（10）；礼拜（9）；利安（1）；怜爱（3）；怜愍（19）；怜念（2）；临适（1）；领受（1）；流注（2）；流离（5）；蒙赖（7）；眠睡（2）；灭除（3）；愍哀（1）；愍念（2）；命令（5）；目见（1）；涅槃（39）；偏爱（2）；偏袒（3）；披读（2）；披观（2）；披见（1）；披看（3）；评详（2）；仆输（1）；破坏（7）；平复（9）；起立（7）；前行（13）；前诣（2）；侵凌（1）；轻忽（1）；轻贱（1）；倾摇（1）；亲附（2）；亲近（3）；请命（1）；钦慕（2）；求哀（13）；求觅

69

(9)；求索（45）；囚执（1）；驱摈（1）；驱役（1）；驱逐（1）；趣向（6）；劝勉（1）；劝请（6）；润济（2）；洒扫（1）；丧失（6）；扫除（1）；扫洒（2）；舍弃（2）；杀害（12）；伤害（13）；伤坏（4）；伤破（3）；舍离（15）；摄持（3）；设计（2）；摄录（3）；呻吟（1）；施设（13）；恃怙（3）；凭怙（1）；示众（2）；示导（1）；侍立（2）；受持（11）；收摄（3）；守护（2）；书写（1）；思念（11）；思惟（59）；思议（16）；随逐（5）；逃避（3）；逃走（3）；啼哭（18）；涕泣（3）；调和（3）；通达（4）；统领（3）；投归（2）；涂污（2）；涂治（1）；推觅（11）；推求（7）；吞食（2）；宛转（9）；往诣（19）；违逆（4）；围绕（7）；畏惧（1）；慰喻（4）；问讯（29）；闻知（8）；污染（2）；习效（1）；洗除（1）；洗浴（11）；下视（2）；降伏（4）；晓令（2）；欣踊（3）；信服（1）；信感（1）；信敬（17）；兴现（2）；休息（10）；修设（1）；修习（5）；修行（5）；宣告（3）；宣令（13）；宣示（3）；宣说（3）；宣言（1）；选择（3）；许可（10）；严饰（4）；言语（2）；演畅（2）；掩蔽（1）；仰视（4）；要勒（2）；依恃（2）；忆念（6）；迎逆（2）；迎送（1）；营理（2）；应适（5）；拥护（3）；踊出（6）；踊跃（32）；用与（5）；游步（1）；游观（7）；游戏（6）；游行（12）；佑利（2）；云集（7）；杂厕（2）；赞说（1）；赞叹（12）；葬送（2）；澡漱（5）；造立（1）；贼害（1）；赠遗（1）；占相（9）；斩析（1）；召唤（2）；召来（2）；照悟（1）；执顺（1）；值遇（4）；指示（3）；止宿（4）；止住（4）；种植（1）；中伤（2）；诛灭（2）；住立（1）；住止

(9);挝打(2);转遍(1);庄校(6);庄严(12);追逐(4);追求(2);啄食(2);自杀(6);资给(1);宗戴(2);坐禅(10);作礼(37);崩坏(3);变成(8);便宜(1);缠绵(3);赤裸(1);除愈(4);摧悴(1);存在(2);动摇(9);断替(1);发露(1);感伤(1);过于(5);化成(2);怀妊(18);坏碎(1);还复(7);具足(48);恐惧(2);流布(7);碎坏(1);停止(1);通达(4);醒悟(2);忧愁(9);长大(26);照耀(1);臻集(1);具有(2);譬如(19);无有(83);犹如(24);可以(6);应当(7)。

第四章

《贤愚经》形容词研究

第一节 《贤愚经》单音节形容词

一、状态形容词

老：例证：

（1）尔时有一**老**翁，早失其妇，独与儿居，困无财宝，觉世非常，念欲出家，即往佛所，求索入道。(0418a07)

（2）迦维罗卫，净饭王子厌**老**病死，出家学道，道成号佛，三十二相、八十种好，神足智慧，殊挺无比，人天中尊故号为佛。(0431a23)

弱：例证：

（1）今王臣民大众围绕，我独一身，力势单**弱**，不堪此中而斫王头，欲与我者，当至后园。(0389c19)

（2）我今单**弱**，无力自拔，誓当来世当常杀汝，垂当得道，犹不相置。(0427b03)

少：例证：

（1）云何世尊！受彼**少**施，酬以大报？(0439a06)

（2）世尊身上所著之衣，有**少**穿坏，将欲以化应度众生，乞食周讫，欲还所止。(0438c25)

小：例证：

（1）是后厨监，忘不办肉，临时无计，出外求肉，见死**小**儿肥白在地，念且称急，即却头足，担至厨中。(0425c08)

（2）尔时须达长者，末下**小**女，字曰苏曼。(0441b27)

悲：例证：

（1）尔时诸比丘，皆共赞叹，如来大**悲**，深妙难量，咸勤克励，闻佛所说，欢喜奉行。(0422b26)

（2）贤者阿难及诸会者，闻佛所说，且**悲**且喜，顶戴奉行。(0402b23)

乐：例证：

（1）尔时世尊，大众围绕，而为说法，城中人民，**乐**听法者，往至佛所，前后相次。(0390b16)

（2）檀弥离比丘，有何功德，生于人中，受天福禄，不**乐**世乐。(0431b06)

喜：主要出现在"欢喜""欣喜""喜庆"等合成词里，单用3

次。例证：

(1) 既得见佛，**喜**发心髓。(0434a06)

(2) 年遂长大，勇健非凡，然**喜**畋猎，伤害物命。(0440c17)

怒：例证：

(1) 象去之后，王心大**怒**，苦责象师，欲即杀之。(0421b28)

(2) 吾等今者，虽名出家，未服法药消淫**怒**痴，宁可共诣偷罗难陀比丘尼所，咨受经法，冀获所克。(0367a21)

长：出现153次，其中，读cháng，作"时间持续久""两端之间的距离大"讲出现22次；读zhǎng，作"年龄大"讲出现131次。例证：

(1) 于时弥勒，闻佛此语，从座而起，**长**跪白佛言："愿作彼弥勒世尊。"(0463c16)

(2) 是时尊者成道已后，所化众生，得四果者，一人一筹，筹**长**四寸，如此之筹，满于一房，房高六丈，纵广亦尔。(0443b27)

(3) 尔时有**长**者，生一男儿，当尔之时，天雨七宝，遍其家内，皆令积满。(0359b09)

短：例证：

(1) 时特叉尸利王，便更遣使，送于二蛇，粗细长**短**相似如一，能别雄雌者，斯亦大善。(0400b23)

(2) 乃往过去迦叶佛时，有一长者，财富无数，为佛众僧兴僧伽蓝，衣服饮食病瘦医药四事供办，供给一切无有乏**短**。(0397a05)

高：用于地名"高昌"14次，其他均作"上下之间的距离大"

讲。例证：

（1）佛于是日，于**高**座上，自隐其身，寂灭不现，但放光明，出柔软音，分别演畅诸法之要。（0363a26）

（2）此人年**高**老耄，诵经、坐禅、佐助众事，三事悉缺。（0377b20）

低：例证：

（1）毗舍离儿，便怀瞋恚，就于象上，**低**身下向，捉辅相子并其车乘，掷置堑中。（0400c25）

（2）已见菩萨，仰头愕视，菩萨如法，入于慈定，龙毒得除，**低**头而视，即前蹑上，度入城中。（0408a04）

薄：用于专名"萨薄"12次，特指"古代阿拉伯半岛西南部Saba地区居民，以善航海及经商著名。一说来自梵语，意为商主"。其他单用均作"两端或两面之间距离小"讲。例证：

（1）臣等家食，其味**薄**少，今得王食，美味非凡。（0403c03）

（2）时彼一人，筋力鲜**薄**，狱卒逼之，蹶地便起，疲极困乏，绝死复苏。（0439b11）

厚：用于"纯厚""隆厚""亲厚""淳厚"等词里，其余单用作"两端或两面之间距离大"讲1次。例证：当见原恕，我前恶心，罪衅过**厚**，幸不在怀，勿令有罪也。（0449b07）

浅：例证：久知瞿昙智术单**浅**，诸人犹豫，不信我言，克期捔术，自省不如靡然逃去，至毗舍离。（0361b27）

深：例证：

（1）是时阿难，析体爱重，惋恨情**深**，悲哽懊恼。（0416b17）

（2）世尊，往昔**深**心，敬染衣人，其事云何？（0438a23）

远：出现于合成词"久远"里 27 次，其余单用均作"时间或距离长"讲。例证：

（1）出城渐**远**，逢一罗刹，名曰蓝婆。（0370b09）

（2）途路悬**远**，中道乏粮，经于七日，去死不**远**。（0416c08）

近：出现 19 次。例证：

（1）长者闻已，办具娉物车马骑乘，往特叉尸利国，渐**近**欲到，先遣使往。（0399c07）

（2）佛今**近**远，为可见不？（0440c17）

早：例证：

（1）时彼家中，常令使人入林取薪，是时使人，**早**赴入林，上树采薪。（0373c21）

（2）尔时有一老翁，**早**失其妇，独与儿居，困无财宝，觉世非常，念欲出家，即往佛所，求索入道。（0418a07）

晚：例证：

（1）日时向**晚**，俗人多事，或能忘不送食，我今宁可遣人迎不？（0380c25）

（2）瞻病比丘，由无食故，当舍乞食，早**晚**无时。（0401a21）

轻：出现于合成词"轻疾""轻慢""轻贱"9 次，其余单用均作"重量或动作幅度小"讲。例证：

（1）到世尊所，接足作礼，长跪问讯，起居**轻**利，右绕三匝，却住一面。（0419a28）

（2）愿我后生，力敌千人，身**轻**行速，走疾飞鸟，将来有佛释

迦牟尼，使我得见永脱生死。(0427c11)

重：读 chóng，作"重复"讲出现 28 次；读 zhòng，作"质量大，重要，重视"讲出现 48 次。例证：

（1）于是共别，转前到海，勅语贾人牢治其船，令有七**重**，候风以至，推着海中，以七张大索，系于岸边。(0406c15)

（2）王问余人，犹言是金。甚怪所以，**重**遣人看。(0435b13)

（3）我曹不遇，船**重**沉没，迦良那伽梨并诸贾人，合诸珍宝，尽没大海。(0413b25)

快：出现于"快乐""快善"12 次，其余单用均作"时间或动作持续短暂"讲。例证：

（1）**快**哉微妙！夫为道者，能以法教，转相教诫，可谓佛子。(0451b18)

（2）新佛新王，治理天下，不亦**快**乎？(0466a15)

冷：例证：

（1）身入**冷**泉，来至其所，以身裹抱，小还有力，将至水所，为其洗浴，行拾果蓏，来与食之。(0366b13)

（2）唯舍利弗边，凉**冷**无火，实时屈伏，五体投地，求哀脱命。(0420b04)

急：例证：

（1）汝化为鸽，我变作鹰，**急**追汝后，相逐诣彼大王坐所，便求拥护，以此试之，足知真伪。(0351c05)

（2）出外求肉，见死小儿肥白在地，念且称**急**，即却头足，担至厨中。(0425c08)

饱：例证：

（1）时有群雁，飞入海渚食噉粳米，食之既**饱**，衔毯翔来当王宫上失堕殿前。（0400a22）

（2）若我有福应为王者，当有自然百味饮食，充**饱**一切，使无饥渴。（0439c04）

饿：出现于"饥饿"5次，其余单用均作"饥饿的感觉"讲。例证：

（1）时有夫妻二人，贫**饿**困乏，每自思念。（0384c28）

（2）观见前身，作一**饿**狗，蒙我和上舍利弗恩，今得人身，并获道果。（0444c12）

残：例证：

（1）有一大臣，名梨耆弥，家居大富，生七男儿，为其娶妻，已至于六，**残**第七子，当为求妇。（0399a23）

（2）往者端正，不肯相见，今日形**残**，何所看乎？（0442c20）

碎：例证：

（1）便于道中，卒遇暴风，破**碎**其船，众人唤救，无所归依。（0422a26）

（2）时舍利弗，便以神力，作旋岚风，吹拔树根，倒着于地，**碎**为微尘。（0420b04）

满：例证：

（1）周行斩害到七日头，方得九百九十九指，唯少一指，残杀一人，指数便**满**。（0424a08）

（2）将至精舍，授其十戒，年**满**二十，便授具足。（0443a09）

散：出现于"散阁"5次，其余单用均作"散开"讲。例证：

（1）时优填王，花**散**佛上。(0363b13)

（2）其兄泪咤，连遭衰艰，所在破亡，财物迸**散**。(0435a02)

肥：出现于"肥美""肥壮"2次，其余单用均作"丰润，肥厚"讲。例证：

（1）所勅美食，非为甘**肥**，教使晚饭饥虚得食，粗细尽美。(0400a02)

（2）出外求肉，见死小儿**肥**白在地，念且称急，即却头足，担至厨中。(0425c08)

二、性质形容词

新：例证：

（1）唯得**新**杀热肉，我乃食之。(0351c26)

（2）须达欢喜，更着**新**衣，沐浴香汤，即往白王。(0420a17)

旧：出现于"耆旧""旧识"3次，其余单用均作"因为时间历久而折损"讲。例证：

（1）太子到宫，与波婆伽梨，亲欤之情，慈爱如**旧**，徐问其珠，今在何处？(0414c19)

（2）自是已后，更不噉人，遂还霸王，治民如**旧**。(0426c03)

富：出现于专名"富那奇""富迦罗拔""财富"18次。例证：

（1）是时国中有一辅相，其家大**富**，然无儿子。(0355a20)

（2）尔时国中，有一婆罗门，字曰师质，居家大**富**，无有子

息。(0429c13)

亲：出现于"亲戚""亲族""亲友""亲善"等9次，其余单用均作"有血缘关系的；亲切；亲自"讲。例证：

（1）以伯忠良，王令平事，国人信用，我**亲**弟子，非法犹尔，况于外人，枉者岂少？(0484b16)

（2）王即自往，**亲**往看之，见是死人，形渐欲臭。(0464a29)

怪：例证：

（1）时波婆伽梨，到父王国，王**怪**独来，即问消息。(0413b25)

（2）于时会者，闻佛所说，甚**怪**如来独说此语。(0433b19)

黑：出现于"黑暗"4次，其余单用均作"像煤或墨的颜色"讲。例证：

（1）欲往试之，辄自变身化作夜叉，色貌青**黑**，眼赤如血，狗牙上出，头发悉竖，火从口出。(0451c10)

（2）优婆鞠提奉受其教，善恶之念，辄投石子，初**黑**偏多，白者甚少，渐渐修习，白**黑**正等，系念不止，更无**黑**石，纯有白者。(0498b06)

黄：出现于"黄金""雌黄"3次，其余单用均作"像丝瓜花或向日葵花的颜色"讲。例证：

（1）其池中水，八德具足，水底遍满七宝之沙，八种莲花，大如车轮，青**黄**赤白，红绿紫杂，香气芬馥，馨彻四远。(0362b28)

（2）汝若能以**黄**金布地，令间无空者，便当相与。(0419c07)

单音节形容词（语素）频次：老（37）；弱（9）；少（67）；小

(87)；悲（24）；乐（121）；喜（3）；怒（13）；长（153）；短（16）；高（94）；低（5）；薄（19）；厚（14）；浅（1）；深（56）；远（80）；近（34）；早（10）；晚（4）；轻（17）；重（76）；快（36）；冷（4）；急（25）；饱（12）；饿（17）；残（23）；碎（6）；满（90）；散（23）；肥（5）；瘦（8）；足（140）；正（141）；壮（8）；细（16）；强（26）；空（65）；猛（21）；直（22）；新（14）；旧（7）；富（56）；亲（23）；虚（48）；丑（15）；怪（38）；静（20）；好（74）；纯（18）；穷（44）；贱（21）；美（38）；黑（18）；黄（11）；青（16）；赤（13）。

第二节 《贤愚经》双音节形容词

一、单纯形容词

憔悴：双声联绵词，瘦弱无力，脸色难看。例证：

（1）举家恒共供养一辟支佛，身体粗恶形状丑陋，**憔悴**叵看。（0358a23）

（2）候师垂至，挽裂衣裳，攫破其面，尘土坌身，**憔悴**卧地，无所言语。(0423b25)

犹豫：双声联绵词，迟疑，难以决断。例证：

（1）久知瞿昙智术单浅，诸人**犹豫**，不信我言。（0361b27）

（2）无恼闻此情怀**犹豫**，复白师言："此事不应，杀害众生，便生梵天。"（0423b25）

惆怅：双声联绵词，伤感，愁闷，失意。例证：

（1）大臣闻此，甚怀**惆怅**，往至自舍。（0353b24）

（2）儿不从志深自**惆怅**，便欲舍身更求凡处，于中求出，必极易也。（0355a20）

滂沛：双声联绵词，水流广远；雨水多大；气势盛壮。例证：

（1）即刎颈死，血流**滂沛**，污染身体。（0381a19）

（2）须臾之间，便有云起，震雷降雨，**滂沛**而下，溢涧流来。（0399c07）

瑰玮：叠韵联绵词，形貌美好。例证：叔离长大，迭随身大，此女**瑰玮**，国内远近，竞来娉求。（0383a25）

徘徊：叠韵联绵词，来回走动，或比喻犹豫不决。例证：时弥勒等，遂怀慕仰，**徘徊**迹侧，豫钦渴仰。（0433a28）

宛转：叠韵联绵词。弯曲，曲折。例证：

（1）尔时诸王百官群臣见王如是，啼哭懊恼，**宛转**在地，劝请大王令舍此事。（0349a07）

（2）由其欺僧恶口骂故，身坏命终，堕阿鼻狱，身常**宛转**沸屎之中，历九十二劫，乃从狱出。（0443c26）

二、合成词

(一) 复合式

丑陋：联合式。例证：

(1) 夫人处世，端政**丑陋**，皆由宿行罪福之报。(0358a23)

(2) 次后怀妊，自然弊恶，期满生男，形体**丑陋**。(0416b23)

丰富：联合式。例证：因用起居，园田舍宅，象马车乘，奴婢畜生，家业于是，**丰富**具足，过踰于前，合居数倍。(0394a22)

欢喜：联合式。例证：

(1) 佛说是时，一切众会，**欢喜**奉行。(0354a20)

(2) 佛说此已，诸在会者，信敬**欢喜**，顶受奉行。(0356a11)

愁闷：联合式。例证：

(1) 尔时太子，求法不获，**愁闷**懊恼。(0350c16)

(2) 广行推觅，形疲心劳，**愁闷**恼悸，偶到林中，值见如来坐于树下，诸根寂定，静然安乐。(0427c29)

枯槁：联合式。例证：世尊尔时如是求法，为教众生；今已成满，宜当润彼**枯槁**之类，云何便欲舍至涅槃不肯说法？(0351a28)

烦恼：联合式。例证：

(1) 生死常涂，今者何独没于忧愁**烦恼**之海，不自觉悟勤修众善？(0352c11)

(2) 况我今日，得成佛道，**烦恼**都除，慈悲广布，被彼少害，岂不慈愍？(0415a20)

83

快乐：联合式。例证：

（1）我不愿求三界**快乐**，持此功德，用求佛道，愿度一切无量众生。(0356b07)

（2）从是已来，九十一劫，天上人中，恒为俱生，受福**快乐**，常有三事，胜于余人。(0441b10)

富贵：联合式。例证：

（1）吾今**富贵**，产业弘广，唯汝一子，当嗣门户。(0355a20)

（2）使我将来天上人中**富贵**自然，所愿之物，不加功力，皆悉而生，遭值圣师过踰仁等百千万倍，闻法心净疾获道果。(0431b09)

殊特：联合式。例证：

（1）实时严车，迎女入宫，王见女身端政**殊特**，欢喜踊跃，不能自胜。(0357b11)

（2）时彼居士复更生男，颜貌端妙，形相**殊特**。(0442b28)

惊悚：联合式。例证：

（1）一切众会，具悉闻见，甚怀悲愍，衣毛**惊悚**。(0363b20)

（2）于是彼使，前入化城，既睹大王，情甚**惊悚**，自念我君，无状招祸。(0398b14)

困乏：联合式。例证：

（1）众邪恶疫，不敢侵近，饥羸**困乏**，瘦悴无力。(0360b20)

（2）时彼一人，筋力鲜薄，狱卒逼之，蹶地便起，疲极**困乏**，绝死复苏。(0439b11)

邪恶：联合式。例证：

（1）奋其神力，化伏**邪恶**，尔乃从善，因使我曹得睹其变。(0361b01)

（2）若世有人，受持八关斋者，众**邪恶**鬼、毒兽之类，一切恶灾，无能伤害。(0370a06)

坚实：联合式。例证：如我今者，唯以财宝资给一切，无有道教而安立之，此是我咎，何其苦哉？今当推求**坚实**法财普令得脱。(0349a07)

奸诈：联合式。例证：医贪利养，欲遣残病，逆怀**奸诈**，更与余药，使病不瘥。(0393c03)

孤苦：联合式。例证：

（1）时有老翁老母，两目既盲，贫穷**孤苦**，无止住处，止宿门下。(0356a14)

（2）唱令已讫，沙门婆罗门、贫穷负债、**孤苦**疾病，诸城道路前后而去。(0405c19)

懒惰：联合式。例证：

（1）懈怠**懒惰**人，虽有大缘，犹不发意趣向佛道。(0372a03)

（2）譬如耕夫，春日多种，秋夏收入，所得必广，复遭春时，若当**懒惰**，来秋于谷何望？(0390c22)

寂静：联合式。例证：时大会，**寂静**无声，风河江水，百鸟走兽，皆寂无声，于是大众，天龙鬼神，悚然乐闻，一心观佛。(0372a13)

惭愧：联合式。例证：

（1）我乃往日担蛇之时，为蛇见责，**惭愧**立誓，生谦下心，等

视一切，未曾中退，乃至今日。(0369b04)

（2）其弟得责，**惭愧**取钱，夫妇改操，谨身节用，勤心家业，财产日广，其后渐富，更无乏短。(0434b28)

苦痛：联合式。例证：

（1）大王，今者**苦痛**极理，心中颇有悔恨事不？(0350a03)

（2）不知何故，从穴出时，柔软便易，还入穴时，妨碍**苦痛**，我不自知何缘有是？(0429a22)

和悦：联合式。例证：其人将终，安隐仰卧，见佛形像、天宫婇女及闻天乐，颜色**和悦**，举手上向，尔时命终，即生天中。(0378a28)

齐整：联合式。例证：其城纵广，四百由旬，金银琉璃颇梨所成，四边凡有百二十门，街陌里巷，**齐整**相当。(0388b13)

丰润：联合式。例证：其国**丰润**，人民快乐，珍奇异妙，不可称数。(0388b13)

广博：联合式。例证：

（1）今乘来者，是师大弟子，**广博**大智，名舍利弗。(0395b06)

（2）说过去事，我复次说当来之世，此阎浮提，土地方正，平坦**广博**，无有山川，地生濡草，犹如天衣。(0435c11)

强壮：联合式。例证：须提罗王，欲合兵众来伐我国，若当来者，我等**强壮**，虽能逃避，犹忧残戮，况汝无目，能得脱耶？(0391b24)

长寿：偏正式。例证：

（1）由吾恩故，命得全济，使我世世富贵**长寿**，殊胜奇特，数千万倍，令我智德相与共等。(0355c16)

（2）一者形体端正，二者众所敬爱，三者恒得**长寿**。(0441b10)

光明：偏正式。例证：

（1）昨夜有天**光明**照曜，礼敬世尊。(0437c15)

（2）是时魔王化身作佛，躯体丈六，紫磨金色，三十二相、八十种好，**光明**赫弈，踰倍日月。(0443b17)

胶固：偏正式。例证：如此**胶固**，难调伏法，唯佛能除。(0421b28)

无赖：动宾式。无赖，无聊、无趣，与现代汉语的意思不同。例证：前使弟子终生天者，遥见其师愁悴**无赖**，即从天下，来到其前。(0432c13)

随意：动宾式。随着自己的意愿。例证：

（1）佛为应时，**随意**说法，亦发大心，住不退者，得果生天，数甚众多。(0363b06)

（2）选众妙宝最上价者，用施众僧，规俟饮食，若食多者，**随意**用之。(0443c26)

自在：主谓式。不受拘束。例证：

（1）佛与众僧，既入其舍，次第坐定，甘膳美味，**自在**丰足。(0354a23)

（2）斯是我孙，我得**自在**，我今放之，于理亦可。(0441a27)

自大：自傲。例证：

（1）此老耄比丘，自恃年高，诵经学问，骄慢**自大**，不相敬承。（0377b20）

（2）凶恶强梁，骄恣**自大**，则为贱人。（0397b21）

自高：自傲。例证：此会大众，习邪来久，骄慢**自高**，草芥群生，当以何德而降伏之？（0420a17）

（二）重叠式

怱怱：匆忙的样子。例证：

（1）时优婆塞，是日**怱怱**，忘不送食。（0380c25）

（2）见众人**怱怱**各执所务，纺织裁缝，办具衣调。（0403b04）

凶凶：凶恶的样子。例证：六师**凶凶**，言气遂高。（0362a23）

愦愦：愁苦的样子。例证：

（1）时诸猎师，得王教已，忧愁**愦愦**，无复方计。（0366b13）

（2）道中有人，因问消息，知毗摩羡王，已复命终，失于所望，懊恼**愦愦**，心裂七分，吐血而死。（0390a12）

奕奕：饱满的样子。例证：时王梵天，初见盖事，身色晃曜，如紫金山，头发**奕奕**，如绀琉璃。（0403c12）

搔搔：佛学词典无收，义为"忙碌而纷乱的样子"。例证：护弥长者，欢喜迎逆，安置敷具，暮宿其舍，家内**搔搔**，办具饮食。（0418c13）

巍巍堂堂：巍巍，高大的样子。堂堂，容貌庄严。例证：尔时诸释，睹见世尊光明神变，阐扬妙化，甚奇甚特，**巍巍堂堂**，无能及者。（0421c23）

晃晃：形容光芒闪耀。例证：

(1) 其间皆有七宝行树杂色莲花，不可称计，光明**晃晃**，照然赫发。(0398b14)

(2) 于是别后，转更前进，见一金城，其色**晃晃**，甚为妙好，菩萨往趣。(0408a04)

渐渐：慢慢地、不断地。例证：

(1) 于是金天在比丘众，金光明比丘尼付大爱道，**渐渐**教化，悉成罗汉，三明六通具八解脱，一切功德，悉皆具足。(0384b21)

(2) 优婆鞠提奉受其教，善恶之念，辄投石子，初黑偏多，白者甚少，**渐渐**修习，白黑正等，系念不止，更无黑石，纯有白者。(0442b28)

了了：坦然自在，与现代汉语意思不同。例证：

(1) 咸遥仰视，**了了**见之，一切众会，甚增敬仰。(0363a20)

(2) 王从其计，寻时试之，果如所言，**了了**识别。(0400b23)

（三）附加式

可爱：前加式。例证：

(1) 若以大王**可爱**妻子与我食者，乃与汝法。(0349a07)

(2) 至年七岁，端正聪黠，甚为**可爱**。(0356b07)

可惜：前加式。例证：

(1) 虽不须我，象甚**可惜**！(0372b27)

(2) **可惜**此宝，当还摄取。(0408b10)

愕然：后加式，吃惊的样子。例证：

(1) 发是愿时，三千世界六反震动，色欲诸天而皆**愕然**，不知何故宫殿动摇？(0356b07)

（2）兄便还去，而自**愕然**。（0435a02）

悚然：后加式，害怕的样子。例证：

（1）尔时五百贵姓比丘尼，闻说是法，心意**悚然**。（0368b26）

（2）王寻往视，审是太子，衣毛**悚然**。（0414a25）

默然：后加式，无言的样子。例证：

（1）尔时众会，**默然**无言。（0350a19）

（2）时僧**默然**，允可受请。（0443c26）

双音节形容词频次：丰乐（7）；坚实（1）；忧愁（10）；酸切（4）；恳恻（2）；青黑（2）；悉竖（1）；懊恼（24）；欢喜（194）；丰贱（1）；不易（2）；愁毒（1）；瞋恚（24）；愚痴（10）；宛转（9）；慈悲（12）；臭秽（2）；枯槁（1）；踊跃（31）；愁愦（3）；偏枉（1）；尊荣（4）；悔恨（9）；欽笃（2）；慈矜（4）；愁闷（4）；欣踊（3）；慈愍（1）；慷慨（1）；怜愍（19）；疲懈（2）；羸瘦（4）；迷愦（3）；惊怖（8）；愚惑（2）；烦恼（3）；妙善（2）；赫奕（2）；恐怖（17）；愁悒（1）；耆旧（2）；惆怅（2）；欣庆（4）；端政（11）；自在（14）；丑恶（4）；痟瘦（2）；弊恶（5）；悭贪（5）；黑瘦（1）；清净（17）；皎洁（1）；虚妄（3）；旱涸（1）；豪凶（1）；富贵（10）；长寿（4）；殊胜（6）；奇特（19）；恭敬（13）；孝顺（4）；酸涩（1）；凶逆（1）；聪黠（2）；惶怖（8）；怱怱（3）；急疾（2）；惶懅（1）；愦乱（1）；饥饿（7）；迷荒（2）；殷勤（16）；慈孝（4）；粗涩（1）；粗强（2）；粗强（1）；愁忧（9）；晖赫（3）；纯笃（1）；晃昱（7）；奇妙（9）；恶心（13）；轻慢（1）；殊特（8）；自然

(33); 惊愕 (4); 懈厌 (1); 饥羸 (2); 困乏 (4); 饥渴 (9); 顿乏 (1); 信敬 (17); 迷冥 (1); 隆厚 (5); 恶邪 (4); 庄严 (12); 丽妙 (2); 单浅 (1); 穷逼 (1); 卑陋 (2); 凡细 (2); 凶凶 (1); 纯厚 (2); 映灿 (1); 炜晔 (1); 茂盛 (5); 妙香 (3); 滑美 (1); 芬馥 (1); 快乐 (10); 惊喜 (8); 虚空 (36); 隆盛 (4); 高显 (4); 爱润 (1); 曜丽 (1); 喜敬 (2); 安乐 (14); 悲愍; 惊悚 (3); 超异 (2); 显美 (2); 聪慧 (1); 劝善 (1); 仁慈 (3); 谦顺 (2); 敬顺 (1); 隆赫 (1); 绝妙 (1); 严净 (3); 显妙 (1); 凶暴 (3); 奢淫 (1); 殊妙 (17); 晃朗 (3); 愦愦 (3); 闷恼 (2); 渴乏 (1); 穷酸 (1); 苦切 (6); 悲悴 (1); 细软 (5); 荡逸 (1); 聪明 (17); 智慧 (21); 肿烂 (1); 旷险 (1); 酸结 (1); 净妙 (1); 惭愧 (10); 悔责 (2); 精勤 (10); 怖畏 (4); 饱满 (5); 安隐 (25); 诚笃 (1); 孤独 (41); 精进 (15); 勇猛 (4); 正真 (17); 巧便 (1); 懈怠 (4); 懒惰 (4); 寂静 (1); 亲厚 (4); 欣悦 (8); 迷闷 (3); 肥美 (1); 偏僻 (1); 喜跃 (1); 困苦 (6); 新熟 (1); 喜庆 (4); 忧恼 (5); 苦痛 (12); 憔悴 (3); 愁惨 (2); 微妙 (15); 微薄 (1); 毒苦 (1); 轻贱 (1); 老耄 (4); 黑暗 (6); 迥远 (1); 自大 (2); 明达 (2); 质直 (2); 愚痴 (10); 斑诣 (1); 和悦 (1); 悦泽 (1); 暴恶 (3); 瘙痒 (1); 安详 (1); 安乐 (14); 邪淫 (2); 淳厚 (1); 粗犷 (1); 清廉 (1); 怪迟 (1); 无常 (11); 混沌 (1); 谦卑 (2); 恭谨 (1); 忠信 (1); 成实 (1); 信善 (1); 幼稚 (2); 诚信 (3); 瑰玮 (1); 严丽 (1);

91

丑秽(1);细滑(2);猛烈(1);随意(19);巍巍(9);繁盛(1);翁郁(2);悲哀(1);应机(1);齐整(1);丰润(1);异妙(2);穷厄(1);弘广(5);危脆(3);秽恶(3);恚痴(3);盛壮(1);郁茂(4);坚固(2);委悴(1);下贱(8);凶暴(3);慈顺(3);明净(7);清妙(4);安快(2);忠诚(1);恶厌(1);感切(3);强壮(1);顽嚚(1);凶暗(1);傲慢(2);瞋愤(2);困笃(6);奸诈(1);深重(3);畅达(1);悭恪(2);悲酸(2);光明(41);清俭(1);知足(4);广博(3);荒坏(1);隘迮(1);鄙耻(1);鄙愧(1);骄慢(1);骄恣(1);凶恶(2);强梁(1);仁和(2);放恣(1);骄傲(1);勇健(4);殷炽(1);顽迷(1);清凉(5);贤智(1);贤能(3);滂沛(2);忠恪(1);鲜妙(1);甘肥(1);滋茂(1);丰多(1);庆悦(1);快善(2);贤达(1);挺特(7);危惧(1);豪富(5);猛健(2);尊贵(4);炽盛(4);仵弱(1);丰实(1);绀青(10);成熟(5);薄少(1);晃曜(2);奕奕(1);广长(3);尊豪(2);惶惧(1);深远(3);殊逸(1);怡跃(1);细濡(1);矜怜(5);愍悼(1);孤苦(3);悒戚(2);精诚(6);安全(5);白净(3);辛苦(15);晃晃(2);妙好(4);勤劳(2);悲怜(1);放逸(2);慈敬(3);专心(5);克励(4);显赫(2);聪辩(3);矜愚(2);猛盛(2);忧灼(1);异常(4);赢劣(1);清雅(2);辛酸(3);完净(1);喜踊(24);慈恻(1);严整(1);非凡(7);悬远(1);柔和(1);爱念(17);和善(2);愤结(2);清彻

(5)；疲劳（2）；搔搔（1）；悦豫（2）；苦空（4）；自高（2）；肥壮（1）；慧明（2）；胶固（1）；堂堂（1）；殊绝（1）；痤陋（2）；和畅（2）；高峻（1）；庄校（6）；斑驳（1）；烦愦（1）；粗恶（2）；蠢蠢（1）；世世（22）；幽静（1）；静乐（1）；奔逸（1）；放荡（1）；单弱（2）；健捷（1）；轻疾（3）；弊恶（5）；恼悷（1）；空贫（1）；柔软（5）；猥多（2）；狂暴（1）；明黠（1）；聪圣（1）；和柔（1）；粗大（1）；憔悴（1）；清美（2）；盈满（2）；端严（6）；可乐（2）；粗略（1）；烦愦（2）；富乐（3）；殊备（1）；慈润（2）；高博（1）；迷网（2）；显照（2）；清洁（3）；高美（1）；浮美（1）；数数（5）；瞋嫌（1）；快利（1）；优闲（1）；方正（1）；平坦（4）；违慢（1）；显特（1）；慈定（2）；柔濡（1）；恋恨（2）；愁悷（1）；黠慧（1）；深妙（3）；贯练（1）；弘慈（1）；矜笃（1）；欢预（1）；安丰（1）；瞵白（1）；迟疾（2）；妙看（1）；姝好（1）；弥弘（1）；严妙（1）；巧妙（4）；欣敬（2）；闲静（2）；浊钝（1）；可爱（5）；可惜（2）；至诚（12）；佳好（1）；愕然（10）；悚然（6）；默然（14）；荫黑（1）；唯然（9）；释然（1）；赫然（2）；惝惶（1）；焕然（1）；高远（1）；广学（1）；平等（3）；勤苦（2）；善哉（23）；勇慧（1）。

第五章

《贤愚经》代词研究

第一节 《贤愚经》人称代词

一、第一人称代词

第一人称代词主要使用"我""吾"。列举如下:

我:频率最高,高达1424次,占第一人称代词总数的92.8%。例证:

(1) 若**我**住世,于事无益。(0349a07)

(2) 过去世时,亦常恶心杀害于**我**。(0366b09)

(3) 此三人者,非但今日蒙**我**得活,乃往过去,亦蒙我恩而得济活。(0352c08)

（4）不但今日，六师之徒，诤名利故，求与**我**决，自丧失众。(0364b05)

吾：使用频率与"我"呈现两极分化的状态。"吾"的使用频率较低，出现次数110次，占人称代词总数7.2%。例证：

（1）**吾**当为汝，具足解说，如是本末。(0386b29)

（2）**吾**当为汝，具足解释。(0415b19)

（3）**吾**与其眼，不但今日，过去世时，亦复与眼。(0390c19)

（4）**吾**生末世，不见如来。闻汝神力能化作佛，试为一现，我欲观之。(0443b17)

"台""卬"在《贤愚经》中没有出现。"余"在经文中表示"剩余、多余"的意思。

二、第二人称代词

第二人称代词主要使用"汝""尔"，表示尊称的用"卿""君"。列举如下：

汝：使用频率最高，出现次数671次，占第二人称代词总数的75.1%。例证：

（1）**汝**所问者，多所饶益。谛听善思！当为**汝**说。(0372a13)

（2）**汝**何以尔？有人侵**汝**污辱**汝**耶？(0381b29)

（3）**汝**应作食，**汝**应燃火，**汝**应取水，**汝**应敷席。(0374a26)

（4）**汝**欲知者，此即是**汝**故身骨也。(0379a19)

尔：包含三种意义：一是与"时"合成"尔时"，义为"那个时候"。例证：**尔时**梵王，于如来前，合掌赞叹，说于如来先身求法，为于众生凡有千首。二是用作指示代词，义为"这样"。例证：国以民为本，民以谷为命。若其不**尔**，民命不存；民命不存，国则灭矣。（0403b04）三是用作第二人称代词，出现频率142次，占第二人称代词总数的15.9%，使用数量位居第二。例证：

（1）**尔**乃得之，云何直**尔**便欲得闻？（0350c16）

（2）于**尔**所功德，皆言未有。（0359c20）

（3）云父犹在，理不应**尔**。（0365a02）

君：表示对说话对象的尊称，共出现15次，占第二人称代词总数的1.7%，使用频率最低。例证：

（1）**君**之亡儿，竟为所在？（0383b25）

（2）此实我子，非**君**所生。（0383b25）

（3）有一大臣，**君**识之不？（0399b26）

卿：多用于君王对臣子的称呼，或上级对下级的称呼，也表示男子对心爱女子的称呼，共出现64次，占第二人称代词总数的7.2%，使用频率较低。例证：

（1）**卿**兄已死，女当云何？**卿**若不取，当思余计。（0417b11）

（2）**卿**往推觅本是豪姓居士种者。（0357b11）

（3）闻**卿**豪族，今者虽贫，幸**卿**不逆，当纳受之。（0357b11）

三、第三人称代词

严格意义上说，上古汉语没有第三人称代词的表示方式，只是借用指示代词演化而来的"之、其",语法功能也受到明显的制约。中古时期,这一情况得到改善。这时的第三人称代词包括"其、彼、之、他、厥、渠"等词语,而《贤愚经》主要运用了"其、彼、他"三个,"之"在经文中多用作助词,"厥、渠"在经文中没有出现。列举如下:

其:既可以指人,又可以指物,在经文中出现次数最多,共1394次,比第一人称代词"我"出现的次数还多,占第三人称代词总数的77.8%。例证:

(1)时天帝释知**其**至诚,化作婆罗门来诣宫门,言:"我知法,谁欲闻者,吾当为说。"(0350c16)

(2)供养父母,计**其**功德。(0356a27)

(3)迦叶如来灭度之后,遗法垂末,有二婆罗门,受持八斋,**其**一人者,求愿生天;**其**第二人,求作国王。**其**第一人,还归**其**家,妇呼共食。(0353b24)

(4)**其**儿端政殊特,世之少双。(0358b21)

(5)乃往过去无数世时,有一大国,名波罗,**其**王名梵摩达,将诸宫人,林中游戏,诸婇女辈,激声而歌。(0355c16)

他:共出现49次,主要做旁指代词,详见下节,少数用作第三人称代词。例证:

(1)**他**军见逐,是以走退。(0364b09)

(2)所应得分,我则负**他**。(0380c16)

(3)不肯生活,候伺**他**家。(0365b25)

彼:共出现348次,主要用作指示代词,详见下节。也有用作

第三人称代词的情况。例证：我亦伤**彼**，夺其人众。(0364b05)

四、反身代词

反身代词与它所指代的代词或名词形成互指关系，在人称、性质、数上保持一致。《贤愚经》使用了"自、己"两个。列举如下：

自：出现650次，占反身代词总数的98.5%，频率最高。例证：

（1）心无悔恨，**自**立誓愿。(0350a03)

（2）何为**自**没，孤弃一切？(0351a28)

（3）我**自**忆念过去世时。(0356a27)

己：出现8次，占反身代词总数的1.2%，频率较低。例证：

（1）以缘于**己**，永令比丘不食肉故。(0375c05)

（2）即脱**己**身所著严饰璎珞宝衣。(0383c14)

（3）知是**己**儿，即收取养。(0425a18)

五、人称代词复数形式

古代汉语人称代词复数有两种表现方式：一种用单数形式表示；另一种用"侪、属、曹、辈、等"等语素放在人称代词后来表示。《贤愚经》主要运用了"曹、辈、等"。列举如下：

曹：包括五个义项：①古代诉讼的原告和被告；②古代分科办

事的官署或部门；③特指涉事双方；④辈，犹如"们"；⑤古国名，姓氏。《贤愚经》中，表示复数的"曹"共出现35次，占复数总数的17.8%。例证：

（1）我**曹**罪积，苦毒特兼。(0392c26)

（2）困苦我**曹**，微命趣存。(0409a01)

（3）我为汝**曹**，世世苦行，积功累德。(0392c15)

辈：共出现44次，占复数总数的22.3%。例证：

（1）诸律昌**辈**，与诸人民。(0361b27)

（2）诸飞鸟**辈**于虚空中，悲鸣感切自拔羽翼。(0389a10)

（3）诸贾人**辈**，乍沈乍浮。(0412c06)

等：共出现66次，占复数总数的33.5%。例证：

（1）初始得道，度阿若骄陈如**等**。(0359c09)

（2）因陀婆弥与六亿众、洴沙王**等**，一切随逐。(0362a10)

（3）遥见尊者舍利弗、目连**等**五百比丘，在此林中，其精勤者，坐禅诵经，其懒惰者，卧沙草上。(0373c21)

（4）我**等**如何，为其礼拜？(0397b21)

此外，还有一个表示复数的短语"诸人"，共出现49次，占复数总数的24.9%。例证：

（1）**诸人**后日，求佛不在。(0361b27)

（2）我等**诸人**！(0386a06)

（3）**诸人**见之，取用奉王。(0400a22)

第二节 《贤愚经》指示代词

一、近指代词

《贤愚经》中主要出现的指示代词有"是""此""斯"等,它们都是近指,所指与说话人距离较近,语法意义与现代汉语的"这""这个""这里"相似。列举如下:

是: 包括两个义项:一是表示判断关系。例证:

(1) 鹰寻后至,立于殿前,语大王言:"今此鸽者,**是**我之食,来在王边,宜速还我,我饥甚急。"(0351c26)

(2) 尔时太子摩诃萨埵,岂异人乎?我身**是**也?(0353b08)

(3) 妇见不识,寻语之曰:"汝**是**何人?莫触此物,我夫若来,傥相伤损。"(0365a16)

二是做指示代词,共出现253次。例证:

(4) 时诸贵姓妇女,见其如**是**,心中摧悴,不乐于俗,即共出家,为比丘尼?(0367a21)

(5) 以**是**因缘,强志勇故,由小因缘能办大事;懒惰懈怠,虽遇大缘,无所能成?(0373a14)

(6) 老母语言:"斯是尊塔,功德弥弘,**是**以修补,欲望善

果。"（0441b10）

（7）**是**时天地六种震动，欲色诸天，怪其所以，金沙俱下。（0350b24）

此：共出现244次。例证：

（1）导师语曰："**此**是银山。"（0412b14）

（2）时弥勒等，进趣王舍，近到鹫头山，见佛足迹，千辐轮相昞然如画，即问人言："**此**是谁迹？"（0433a28）

（3）贤者阿难，本造何行，获**此**总持，闻佛所说，一言不失？（0417a13）

（4）世尊先昔，本何因缘，发**此**大乘无上之心？（0421b18）

兹：出现11次。例证：

（1）比近长者，觌其如是，怪而问言："夫妇之道，家家皆有，汝独何为改操若**兹**？"（0382a25）

（2）此婆罗门，宿种何庆，得离众患，获**兹**善利。（0428a24）

斯：指示性较轻，出现44次。例证：

（1）粗细长短相似如一，能别雄雌者，**斯**亦大善。（0400b23）

（2）尔时摩诃劫宾宁王、金地诸王，见**斯**变已，其心信伏。（0399a02）

二、远指代词

《贤愚经》中，远指代词主要有"彼"，语法意义相当于现代汉语的"那"。列举如下：

彼：句法意义上，"彼"指代性较强；语法功能上，"彼"常做主语、宾语、定语，和"此"相对使用。《贤愚经》中，"彼"做指示代词出现338次。例证：

（1）至**彼**坑所，问诸比丘："汝等颇识此虫宿缘所造行不？"（0443c26）

（2）于时世尊具遥睹见，知其可度，化作比丘，行于**彼**边？（0424a18）

（3）时**彼**国王，有十太子，各领诸国，最小太子，字修婆罗提致。（0356b07）

（4）于时弥勒，闻佛此语，从座而起，长跪白佛言："愿作**彼**弥勒世尊。"（0435c27）

三、谓词性指示代词

语法功能上，谓词性指示代词可以充当谓语；语法意义上，谓词性指示代词具有描述性。《贤愚经》中，谓词性指示代词主要使用"然"。列举如下：

然：本义为"点燃，燃烧"，动词，表示陈述。后来，引申为指称某种事态性的陈述，指代上文所提到的动作，犹如现代汉语的"这么做""是这样""那么办""成那样"等义，一般只做谓语。《贤愚经》中，"然"做谓词性指示代词共出现8次。例证：

（1）是故行者，应强心立志勇猛善缘，何以知**然**？（0372a03）

（2）所以**然**者，我是其证。（0434b28）

四、分指代词

分指代词也叫"逐指代词",表示分别或逐一指代全体中的每一个体。《贤愚经》中,分指代词主要使用"每""各"两个。列举如下:

每:表示一定范围内的每一个体,共出现2次。例证:

(1) 如来复有四尊弟子,摩诃迦叶、大目犍连、舍利弗、阿那律等斯四贤士,**每**哀贫乏,常行福利苦厄众生。(0370a06)

(2) 诸比丘往来,**每**先告语家内闻知,拂整敷具,欢喜迎逆。(0436c08)

各:指代某一范围内的每一个体,共出现38次。例证:

(1) 尔时帝释并梵天王,**各**捉一手,而复难之:"阎浮提内一切生类,赖太子恩,莫不得所。"(0351a28)

(2) 时彼国王,有十太子,**各**领诸国,最小太子,字修婆罗提致。(0356b07)

(3) 见群小儿于道中戏,**各**聚地土,用作宫舍,及作仓藏财宝五谷?(0368c07)

五、无指代词

无指代词也称"无定代词""不定代词",表示所指内容不存在,什么也没有,实则泛指所有的人、事物、现象。无指代词前常

常出现先行词,这是其他指示代词没有的特点。列举如下:

或:指代内容没有确定性,犹如现代汉语的"有的人、有的物、有的地方"。《贤愚经》共出现10次。例证:

(1) **或**能于此丧失身命,我今当往谏喻彼意。(0352c11)

(2) **或**有豪尊,不能去者,便利在器中,雇人除之?(0397a25)

(3) 其余众人,**或**得初果,至第三果。(0360c15)

莫:指代对象不确定,可以根据上下文或先行词判断其义。与"或"不同的是,"莫"具有否定功能,所以被称为"否定性无指代词"。《贤愚经》共出现28次。例证:

(1) 波罗陀跋弥闻是消息,愁闷迷愦,**莫**知所如,着垢黑衣,坐黑暗所?(0391b24)

(2) 阎浮提内一切生类,赖太子恩,**莫**不得所。(0351a28)

(3) 佛说此时,一切众会,**莫**不欢喜,顶戴奉行。(0354b23)

某:属于隐晦指代,尤其用于隐名。《贤愚经》共出现4次。例证:

(1) 答言:"病在**某**房。"(0375c05)

(2) 于是二家,各引道理,其儿父母说:"是我儿,我于**某**时,失在河中。"(0385b25)

六、旁指代词

旁指代词指代说话人之外的其他地方,倾向于排他性。《贤愚经》中，旁指代词主要有"他""异""余"，一般做主语、宾语、定语。列举如下：

他：语法意义犹如现代汉语"别的""另外的""其他""别人"等。《贤愚经》有38例属于此种用法。例证：

（1）时王国中，有婆罗门，名檀腻羁，家理空贫，食不充口，少有熟谷，不能治之，从**他**借牛，将往践治？（0428b03）

（2）尔时有诸估客，欲诣**他**国，其诸商人，共将一狗，至于中路。（0444b19）

异：多用作形容词、副词、动词等。《贤愚经》中，"异"做代词出现6次，义为"别的""其他"，只用作定语修饰名词或名词性短语。例证：

（1）尔时诸比丘，各处**异**国，随意安居；经九十日，安居已竟，各诣佛所？（0369a21）

（2）时婆罗门，见是比丘，即怀恶心，而来骂逐，比丘即往**异**家乞食。（0394c24）

余：侧重于"余下的""剩下的"之义，《贤愚经》出现30次。例证：

（1）婢至屏处，选好美者，自取食之，**余**与比丘。（0378c23）

（2）世尊思惟："舍卫城内，婆罗门众，信邪倒见，**余**人往者，必不能办？"（0419b22）

（3）其**余**会者，闻佛所说，有得须陀洹、斯陀含、阿那含、阿罗汉者，有发无上正真道意者，有得迁住不退地者，各皆敬戴，欢喜奉行？（0436c02）

(4) 人民之类，自恣而取，上妙衣食，盈溢有**余**，视诸珍宝，犹如瓦石？（0409a20）

第三节 《贤愚经》疑问代词

一、询问人物

谁：汉语询问人物的疑问代词中，"谁"最稳定。《贤愚经》共出现30次。例证：

(1) 今此骨山，复为是**谁**？（0379a19）

(2) 我知法，**谁**欲闻者，吾当为说？（0350c16）

(3) 尔时阿难，睹见是事，怪而问佛："**谁**放烟水？"（0395a28）

何者[1]：共出现3次，用来表示对人物的询问，和"谁""哪一个"意义相当。例证：

(1) 诸王之中，**何者**最大？（0436b20）

(2) 中国诸王，**何者**最大？（0398a19）

何人：疑问短语，其中"何"本身没有询问人物的用法，是因为"何"后边加了"人"才构成询问人物的疑问短语。"何人"最早出现于东汉译经，用于询问人物，在句中的语法功能主要是充当宾语，意义犹如"何者""谁"。共出现16次。例证：

(1) 彼大山上自投来下，刀剑矛矟，刺割其身，投已复上，此是何人？（0379a14）

(2) 彼举声哭，众箭竞射，洞身火燃，复是何人？（0379a10）

(3) 汝是何人？莫触此物，我夫若来，傥相伤损。（0365a16）

二、询问情状

何等：两汉时期已经出现，句中主要做定语。"等"字没有实际意义，只是与"何"构成一个双音节体，词性疑问代词询问情状，犹如"什么"。《贤愚经》共出现6次。例证：

(1) 请佛之宜，以何等物能屈世尊？（0395a19）

(2) 今此世间，作何等行，令人现世蒙赖其福？（0370a06）

(3) 中国诸王，以何等故不来献我？（0398a19）

云何[1]：《贤愚经》共出现21次，表示"怎么样"。例证：

(1) 过去世中，济活三人，其事云何？（0352c10）

(2) 我是乞匄之人，汝是王女，云何共食？（0413c13）

(3) 我独劳虑，家理田业；优闲卧食，云何福德？（0435b26）

何如：春秋战国时期已经产生。"如"是动词，"何如"是"如何"派生的逆序形式，是疑问代词做宾语前置的类推。《贤愚经》出现2次。例证：

(1) 不审瞿昙，起居何如？（0419a28）

(2) 所可施珠，力能何如？（0408a04）

何+X："何+名词或名词性词语"询问情状这种形式，在上古汉语中就已经出现了，但并不广泛使用，到了魏晋南北朝时期才得到了快速发展，在《贤愚经》中更是广泛使用，共出现162次。例证：

（1）昔种**何德**，获斯妙果？（0353b22）

（2）此恒伽达者，先世之时，种**何善根**，投山不死，堕水不溺，食毒无苦，箭射无伤，加遇圣尊得度生死？（0355c13）

（3）是华天比丘，本殖**何福**，而得如是自然天华，又能化作床座饮食？（0359b21）

三、询问方式、方法

云何[2]：除了询问情状，还可以询问方式，义为"怎么""怎么样"。《贤愚经》共出现16次。例证：

（1）外有一人，犯于王法，**云何**治罪？（0379a19）

（2）出家之法，与俗有别，住止处所，应当有异，彼无精舍，**云何**得去。（0419b17）

何以：义为"用什么、凭什么"，《贤愚经》共出现6次。例证：

（1）若后世人，问顶生王云何命终？**何以**报之？（0440b28）

（2）汝早应去，何以迟晚？（0376c13）

何由：与"何以"同义，共出现4次。例证：

（1）顷来诸事，卿何由知？（0400c15）

（2）我今所愿，欲办大事，设复贪身，事何由成？（0406a27）

奈何：表示询问方式最早见于《尚书》，《贤愚经》共出现 5 次，义为"怎么办"。例证：

（1）若有此灾，**奈何**民物？（0402a14）

（2）我等诸人，傥修福业，请佛众僧，供养食时，**奈何**令此下贱之徒，坐我床席，捉我食器。（0386a06）

如何：在魏晋南北朝时期译经中用例很少，《贤愚经》出现 4 次。例证：

（1）我等**如何**，为其礼拜？（0397b21）

（2）吾是贵姓，彼是凡贱，高卑非匹，**如何**为婚。（0441b27）

如之何：由"如何"演变而来，《贤愚经》出现 2 次。例证：

（1）今有此变，当**如之何**？（0402a14）

（2）无益于汝，当**如之何**？（0394b29）

奈之何：由"奈何"演变而来，《贤愚经》出现 2 次。例证：

（1）设为彼人见毁辱者，当**奈之何**？（0394b29）

（2）然王有教，理不得违，当**奈之何**？（0389a10）

四、询问事物

何者[2]：用来询问事物，在经文中仅出现 1 例，犹如"什么"。例证：**何者**好事？谓佛世尊是暮当至毘纽干特林。（0374c03）

何物：有学者认为它是疑问代词，义为"什么"；有学者把它看成疑问短语，义为"什么东西"。《贤愚经》出现 1 次。例证：欲作城者，为用**何物**？（0365b02）

109

何等：《贤愚经》共出现21次，义为"什么"。例证：

（1）今此长者，大设供具，欲作**何等**？（0418c13）

（2）于时罗刹，问差摩言："汝字**何等**？"（0370b09）

云何[3]：魏晋南北朝时期最为常用，《贤愚经》出现次数很多，用来询问事物的共有4例。例证：

（1）弥离答言："**云何**为佛？"（0431a23）

（2）其中国者，名字**云何**？（0398a19）

何[1]：上古时期常见，《贤愚经》仅出现22次。例证：

（1）时梨耆弥，从宫归家，儿妇问言："有**何**消息？"（0400b11）

（2）此虎今者，当复**何**食？（0352c11）

五、询问处所

何处：魏晋时期新产生的一个结构形式，义为"哪里""什么地方"，《贤愚经》共出现15次。例证：

（1）于彼命终，当生**何处**？（0436c29）

（2）教匠汝者，**何处**可渡？（0422c13）

（3）王食此，甚觉甘美，便问夫人："从**何处**得？"（0353b24）

何方：魏晋时期新产生的一个结构形式，《贤愚经》出现1次，义为"什么地方"。例证：此诸圣贤大德之众，威神巍巍众相具足，为从**何方**而来至此？（0386b01）

何许：义为"什么地方""哪里"，《贤愚经》出现1次。例

证：弥离闻已，深生敬心，而问王言："今在**何许**？"（0431a23）

何²：共有 9 例，义为"哪里"。例证：

（1）又复问言："汝欲**何**至？"（0370b09）

（2）快士，从**何**而来？持此油淬，用作**何**等？（0365b25）

六、询问原因、目的

何³：先秦时期已经出现，春秋战国时期发展迅速，被广泛使用，一般做状语。询问原因在《贤愚经》共出现 31 次，义为"为什么"。例证：

（1）吾园之中有此美果，**何**不见奉，乃与他人？（0353b22）

（2）所以者**何**？时世无佛，法又灭尽，八关斋文今不可得，若不称之，恐见危害。（0352c11）

何故：出现于春秋战国时期，《贤愚经》共出现 16 次，义为"什么原因"。例证：

（1）世尊告曰："汝等**何故**，愁惨不乐？"（0375b13）

（2）时比丘尼，值到其舍，见其夫主，忧愁憔悴，便问之言："汝夫**何故**，愁悴如是？"（0429c13）

何由：只有 2 例，义为"什么原因""为什么"。例证：

（1）时婆罗门即召彼婢，于隐屏处问言："我妇**何由**有疾？"（0375a26）

（2）于时城中人民之类，各各行哭云亡小儿，展转相问："**何由**乃尔？"（0425c08）

111

何缘：上古时期已出现，魏晋南北朝时期常见。《贤愚经》出现 20 次，义为"什么缘故"。例证：

（1）今我力势，能总威摄一切天下，**何缘**诸王不来承贡？（0398a19）

（2）时有大臣，从外边来，见此一人，而被囚执，便问左右："**何缘**乃尔？"（0355c16）

何以故：由"何故"演变而来，最早用于东汉佛经，《贤愚经》共出现 11 次，义为"什么原因"。例证：

（1）我国人民，**何以故**尔？劳烦执作。（0403b04）

（2）心无惊惧，**何以故**？（0381b29）

云何[4]：共出现 56 次，义为"为什么"。例证：

（1）我之所知，四方追学，劳苦积年，**云何**大王直尔欲闻？（0350a19）

（2）时婆罗门重更问之："汝有何事？当相告语，**云何**不说？"（0423b25）

七、询问数量

几：大多数组成短语表示询问。一类构成"几+量词"格式，共出现 2 次。例证：

（1）须达问言："世尊足行，日能**几**里？"（0419b22）

（2）提婆达问："佛服**几**两？"（0366a18）

另一类构成"几+名词"格式，共出现 2 次。例证：

（1）若其答识，复更心难："我师波婆梨，有**几**弟子？"（0433a15）

（2）见相数满，益以欢喜，即奉师勅，遥以心难："我师波婆梨，为有**几**相？"（0433a28）

几何：只有1例，用于询问年龄。例证：若有得四神足者能住寿一劫，吾四神足极能善修，如来今日能寿**几何**？（0387b09）

几许：用于询问年龄，只有3例。例证：

（1）其得四神足者，能住寿一劫，吾四神足极能善修，如来今者当寿**几许**？（0387b06）

（2）我师波婆梨，年今**几许**？（0433a15）

八、询问时间

何时：出现6次。例证：

（1）阿难问佛："**何时**当得脱此鱼身？"（0423a15）

（2）婆罗门言："欲与我者，**何时**能与？"（0391c20）

何日：出现1次。例证：苟能成办，不违信誓。若能去者，当以**何日**？（0388c16）

第六章

《贤愚经》数词研究

第一节 《贤愚经》基数词

数词+名词：经文中习见。例证：

（1）乃往过去无量无数阿僧祇劫，此阎浮提有**一大国**，名特叉尸利。（0356b07）

（2）尔时长者，复婴痾疾，困笃着床，将死不久，遗言殷勤，告其**二子**："吾设没后，慎勿分居。"（0393c26）

（3）佛于此日，入慈**三昧**，出金色光，遍照大千。光触众生，**三毒**心息，自然兴慈。（0363b01）

（4）我有**四子**，皆恶邪见。（0374c03）

（5）时富那奇，持此**五钱**，诣市买薪，见一束薪卖索**五钱**，时富那奇，即买其薪，雇以**五钱**。（0394a22）

(6) 是时尊者成道已后,所化众生,得**四果**者,**一**人**一筹**,筹长**四寸**,如此之筹,满于**一房**,房高**六丈**,纵广亦尔。(0443b27)

(7) 尔时波斯匿王,有**一大臣**,名梨耆弥,家居大富,生**七男儿**,为其娶妻,已至于六,残第**七子**,当为求妇。(0399a23)

(8) 佛于是日,令其宝池,**四面**自然,有**八渠**流,还相灌注,自然回转。(0362c09)

(9) **九者**福德威力,能雨七宝,称给一切。(0415b21)

(10) 自修**十善**,复以教人,其事云何?愿见开示。(0363c09)

数词+量词+名词:经文中少见,共出现21次。例证:

(1) 若复有人,能以信心,以**一掬水**,供养于佛,或用施僧,或奉父母,或匃贫穷,给与禽兽,此之功德,历劫不尽。(0354b26)

(2) 时有贫人,虽怀喜心,家无财宝供养之具,便以**一把白石**似珠,用散众僧,发大誓愿。(0359b23)

(3) 今我分身,而得安隐,由卿活命,益我不少,我既蒙活,复闻好字,我所住处,有**一釜金**,持以报卿,来时念取。(0370b09)

(4) 是时天地**六种震动**,欲色诸天,怪其所以,欻然俱下,见于菩萨困苦为法伤坏其身,同时啼哭,泪如盛雨,又雨天花而以供养。(0350b24)

(5) 其儿聪明,好乐学问,诵持俗典,**十八部书**,文既通利,并善其义,学诸技术,靡所不通。(0405b02)

复合数词:经文中习见。例证:

（1）其第一大会，度**九十三亿**众生之类；第二大会，度**九十六亿**；第三大会，度**九十九亿**。(0435c11)

（2）周行斩害到七日头，方得**九百九十九**指，唯少一指，残杀一人，指数便满。(0424a08)

（3）毘舍离子**三十二**人，不但今日为王所杀，**三十二**人一时顿死。(0401b26)

（4）陶演法雨，莫不蒙润，乃至禽鸟，犹闻法声，获福乃尔，岂况于人信心受持，计其果报，过踰于彼，**百千万倍**，不可为比。(0437c22)

数词+量词：经文中习见。例证：

（1）其目明净，清妙无比，彻睹墙壁，视**四十里**，以是故立字号曰快目。(0390c22)

（2）**八十顷**中，须臾欲满，残有少地。(0419c16)

（3）谁能取得我弟头者，当与重赏金**五百两**。(0417b29)

（4）若此婆罗门，必乞王头，当作七宝头，各**五百枚**，用贸易之。(0389a10)

（5）此阎浮提百岁，为忉利天上一日一夜，亦三十日为一月，**十二月**为**一岁**，彼忉利天寿**千岁**。(0437a01)

第二节 《贤愚经》倍数

数词+倍：经文中少见，共出现8次。例证：

（1）又愿将来，得遇上士，功德胜汝**百千万倍**，令我于彼得漏尽证，神足变化与汝不异。（0435a12）

（2）端政无双，殊胜于汝数**千万倍**。（0354b26）

（3）过蹹于前，合居**数倍**。（0394a22）

第三节　《贤愚经》分数

《贤愚经》中，分数表达很少，共计出现4次。例证：

（1）所残藏物，**三分用二**。（0411a20）句中"三分用二"这种分数表达方法，现代汉语已经少见，义为"三分之中用去了两分"。

（2）诸藏之物，**三分已二**。（0405c19）

（3）**三分之中已更用二**。（0405c19）

第四节　《贤愚经》概数

数词连用：共出现8次。例证：

（1）或分一身，作**百千万亿**身，还合为一身，于虚空中，忽然在地，履地如水，履水如地。（0420c14）句中"百千万亿"便是概数，表示"成百上千万亿"，现代汉语也有此类表示方法。

（2）诸人民辈，有从**百里二三五百千里**来者，复从**三千五千万里**来者，皆强弱相扶，四方云集，一切给与，满其所愿。（0405c19）

（3）计其果报，过踰于彼，**百千万倍**，不可为比。（0437c22）

数词+余：共出现1次。例证：尔时山中有辟支佛**二千余**人，恒止其中。（0386b29）句中"二千"后加"余"表示约数，意思为两千多，与现代汉语表示方法相同。

若干：共出现17次。例证：

（1）尔时阿难，甚用欢喜，嗟叹如来**若干**德行，前白佛言："不审，世尊！过去世中，作何善根，致斯无极灯供果报？"（0371b10）

（2）生死轮转，无有边际，而善恶业，终无朽败，必受其报，造**若干**业，随行受报。（0379a19）

（3）得一大鱼，身有百头，**若干**种类，驴马骆驼、虎狼猪狗、猿猴狐狸，如斯之属。（0422c01）

数+百/千/万：共出现64次。例证：

（1）如是展转，经**数万**岁。（0369b04）句中的"数万"，义为"数万年"。

（2）梨师跋王，自与群臣**数百千**乘，亦共侍送，伎乐歌颂，围绕前后。（0414b08）

（3）死入地狱，受苦万端。狱卒阿傍，取诸罪人，种种治之，或以刀斫，或以车裂，分坏其身，作**数千**段。（0354b26）

也出现用定数表示概数的方式，共出现 4 次。例证：**再三**问之，不出**一**言。（0369b04）句中的"再三"表示"反复多次"之意，与现代汉语用法相同。

第五节 《贤愚经》序数词

第+数词：这种表达方式与现代汉语相同，经文中习见。例证：

（1）时舍利弗，于其后夜，正身正意，系心在前入于初禅，从初禅起入**第二**禅，从**第二**禅起，入**第三**禅，从**第三**禅起，入**第四**禅。（0388a09）

（2）此阎浮提千六百岁，为**第六**天上一日一夜，亦三十日为一月，十二月为一岁，彼**第六**天寿万六千岁。（0437a15）

（3）王有三子，其**第一**者，名摩诃富那宁。（0352c11）

（4）为**第五**天上一日一夜。（0437a11）

基数词：共出现 8 次。例证：

（1）所以作三高座者，**一**为如来，**二**为本生母，**三**为今身母。（0354a23）句中的"一""二""三"，分别表示"第一""第二""第三"之意，意思是"所铺设的三个高座，第一个是为了如来，第二个是为了前一世的母亲，第三个是为了这一世的母亲"。

（2）得经二卷，**一**是《十二因缘经》，**二**是《八关斋文》。

(0353b24）句中的"一""二",分别表示"第一""第二"之意。

初/次＋X：等做标志，这是比较特殊的序数表示法,现代汉语沿用了这一方法。共出现78次。例证：

（1）君身极丑，**初见**惊怖。（0365a16）句中的"初",义为"第一次"之意,现代汉语也有相同用法。

（2）尔时**初夜**有二天,来诣于佛所,天人身光,照曜祇桓,皆如金色。（0353b18）

（3）王有三子,其第一者,名摩诃富那宁,**次名**摩诃提婆,秦言大天。（0352c11）

（4）初始得道,度阿若骄陈如等,**次度**郁卑罗迦叶兄弟千人,度人渐广,蒙脱者众。（0359c09）

第七章

《贤愚经》量词研究

第一节 《贤愚经》单音节量词

一、计量名量词

乘：做量词使用，义为"一车四马"。共出现 5 次。例证：

（1）时洴沙王，办设供具，满五百**乘**车，王与群臣十四亿众，各办粮食，悉随佛往。(0361b27)

（2）施设办已，大施于是乘大白象，七宝校饰，搥钟鸣鼓，作倡伎乐，千**乘**万骑，导从前后，行大御道，往诣城门。(0405b02)

丈：长度单位，十尺一丈。共出现 8 次。例证：

（1）是时尊者成道已后，所化众生，得四果者，一人一筹，筹

长四寸,如此之筹,满于一房,房高六**丈**,纵广亦尔。(0443b27)

(2) 尔时人民寿八万四千岁,身长八**丈**,端正殊妙,人性仁和,具修十善。(0435c11)

尺:长度单位,十寸一尺。共出现 5 次。例证:

(1) 其生之日,家中自然出一井水,纵广八**尺**,深亦如是。(0384b21)

(2) 三**尺**乌声者,受性凶暴,乐为伤害,少于慈顺。(0390b16)

寸:长度单位,十寸一尺。共出现 1 次。例证:是时尊者成道已后,所化众生,得四果者,一人一筹,筹长四**寸**,如此之筹,满于一房,房高六丈,纵广亦尔。(0443b27)

重:作为量词使用,读音 chóng,犹如"层"。共出现 9 次。例证:

(1) 见其城外,有七**重**堑,满诸堑中,皆有毒蛇,其毒猛盛,视之可恶。(0407b07)

(2) 此快见城,有千二百门,诸天怖畏,悉闭诸门,着三**重**铁关。(0440b07)

分:包括三个义项:一是长度单位,十分为一寸;二是土地面积单位,十分为一亩;三是重量单位,十分为一钱。共出现 19 次。例证:

(1) 三**分**之物,向用其二。(0411a20)

(2) 道中有人,因问消息,知毗摩羡王,已复命终,失于所望,懊恼愦愦,心裂七**分**,吐血而死。(0390a12)

行：特指军队编制单位，二十五人为一行，犹如"排"。共出现 1 次。例证：又其国中，有四**行**树，亦金银琉璃颇梨所成，或金枝银叶，或银枝金叶，或琉璃枝颇梨叶，或颇梨枝琉璃叶。（0388b13）

里：里程单位，现代汉语 500 米一里。共出现 28 次。例证：

（1）弹弓之音，闻四十**里**。（0364b09）

（2）身瘙痒故，揩颇梨山，碎杀诸虫，血流污海，百**里**皆赤。（0379a19）

两：包括三个义项：一是特指筷子、手套等成双的物品；二是重量单位，二十四铢等于一两；三是匹，用于布帛。共出现 28 次。例证：

（1）虽值佛世，无以供养，念此不悦，情不自释，便舍豪姓，求为客作，终竟一岁，索金千**两**。（0354b13）

（2）尔时祇域，复与合之，因语之言："日服四**两**。"（0366a18）

匹：布和绸缎计量单位，也用来计算马的头数。出现 1 次。例证：遣一使者至舍卫国，送马二**匹**，而是母子，形状毛色，一类无异，能别识者实为大善。（0400b11）

钱：重量单位，十钱一两，中医药称量常用。共出现 23 次。例证：

（1）即从彼佛受三自归，受不杀戒，复以一**钱**布施彼佛。（0385c20）

（2）尔时贫人，以此二**钱**，施佛及僧故，九十一劫，恒把金

钱，财宝自恣，无有穷尽。(0358c13)

顷：做量词使用读上声，指土地面积，百亩为一顷。共出现 1 次。例证：八十**顷**中，须臾欲满，残有少地。(0419c16)

二、通用名量词

类：共出现 3 次。例证：

（1）遣一使者至舍卫国，送马二匹，而是母子，形状毛色，一**类**无异，能别识者实为大善。(0400b11)

（2）复唤牧牛之众，合有千人，并力挽出，得一大鱼，身有百头，若干种**类**，驴马骆驼、虎狼猪狗、猿猴狐狸，如斯之属。(0422c01)

束：作为量词，义为"小把，小捆"。共出现 1 次。例证：时富那奇，持此五钱，诣市买薪，见一**束**薪卖索五钱，时富那奇，即买其薪，雇以五钱。(0394a22)

种：作为量词，义为"种类"，可以指事物，也可以指人。共出现 3 次。例证：王大夫人，生一太子，身紫金色，三十二相、八十**种**好，当其顶上，有自然宝，众相晃朗，光曜人目。(0443b17)

三、借用名量词

把：本义"握，持，攥"，做量词义为"束，握住一手的数量"。共出现 1 次。例证：时有贫人，虽怀喜心，家无财宝供养之

具，便以一**把**白石似珠，用散众僧，发大誓愿。(0359b23)

倍：做量词使用，义为"一倍"。共出现 8 次。例证：

（1）计其果报，过踰于彼，百千万**倍**，不可为比。(0437c22)

（2）胜于此土，巨亿万**倍**。(0442a25)

部：做量词使用，义为"书面作品的数量"。共出现 2 次。例证：

（1）其儿聪明，好乐学问，诵持俗典，十八**部**书，文既通利，并善其义，学诸技术，靡所不通。(0405b02)

（2）太子渐大，聪辩殊异，学诸世典，十八**部**经，诵持通利，善其义理。(0410c11)

粒：作为量词，可以重叠使用。共出现 4 次。例证：于道值佛，心意欢喜，即持此豆，奉散于佛，四**粒**入钵，一**粒**住顶。(0440c07)

枚：本义"树干"，引申为量词，犹如"个"。共出现 5 次。例证：

（1）各五百**枚**，用贸易之。(0389a10)

（2）空手倩人，人无应者，今共行乞，人各令得金钱一**枚**，以用雇人，足得达彼。(0392c26)

条：作为量词，分列项目或者计量条状物品。共出现 1 次。例证：作七**条**衣，人与一领。(0439a12)

领：作为量词，义为"衣服的数量"。共出现 1 次。例证同上。

匝：做量词，义为"周，圈"。共出现 7 次。例证：

（1）到世尊所，接足作礼，长跪问讯，起居轻利，右绕三**匝**，

却住一面。(0397b21)

(2) 时婆罗门,绕城门数**匝**,不能得前。(0389a10)

张:作为量词,经文中仅出现1次。例证:于是共别,转前到海,勅语贾人牢治其船,令有七重,候风以至,推着海中,以七**张**大索,系于岸边。(0406c15)

枝:本义"树木的枝条",引申为量词。共出现5次。例证:诚感神应,现身语之:"斫去一**枝**,所须当出。"诸人欢喜,便斫一**枝**,美饮流出。斫第二**枝**,种种食出,百味具足,咸共承接,各得饱满。斫第三**枝**,出诸妙衣,种种备具。斫第四**枝**,种种宝物,悉皆具足,庄严悉备,所须尽办。(0416c08)

步:本义"举足两次为一步"。共出现6次。例证:

(1) 佛生迦毗罗卫净饭王家,右胁而生,寻行七**步**,称天人尊,三十二相、八十妙好,光照天地,梵释侍御,三十二瑞,振动显发。(0432c13)

(2) 净饭王子,厥名悉达,其生之日,天降瑞应三十有二,万神侍卫,即行七**步**,举手而言。(0418c13)

担:用作量词读为去声,重量单位,一担一百斤,或指"成担的东西"。共出现1次。例证:恣取一**担**,发遣去。(0391c20)

段:作为量词,义为"部分",数量单位。共出现2次。例证:

(1) 狱卒阿傍,取诸罪人,种种治之,或以刀斫,或以车裂,分坏其身,作数千**段**。(0354b26)

(2) 若必拒逆不见给者,汝更七日,头破七**段**。(0432c13)

发:作为量词,特指弓射箭一次。共出现1次。例证:次复取

箭，弯弓而射，离手之后，化为五**发**，其诸箭头，各各皆出无数光明。(0354b26)

掬：作为量词，义为"一捧"。共出现 1 次。例证：海神取水一**掬**，而问之曰："**掬**中，水多海水多耶？"(0354b26)

卷：古代在帛或者纸上书写，卷起来收藏，因此书的数量论卷，后来特指书籍的册本或篇章。《贤愚经》常用作每卷卷数标志，经文中仅出现 1 次。例证：奉父言教，令他拖伐取而斩析，得经二**卷**，一是《十二因缘经》，二是《八关斋文》。(0353b24)

毛：做量词少见，共出现 1 次。例证：若捉一**毛**，随意所至。(0377c27)

瓶：本是盛酒浆和水的瓦器，后引申出量词用法。共出现 7 次。例证：

（1）尽用买金，因得一**瓶**。(0369b04)

（2）尔时贫人持一**瓶**水，布施僧者，今此金天夫妇是也。(0385a24)

汪：本义"水池"，后引申出量词用法，义为"一小池子"。共出现 1 次。例证：有一**汪**水，污泥不净。(0443c26)

味：做量词少见，中医药方中常用。共出现 10 次。例证：

（1）百**味**饮食，当自然至。(0354a23)

（2）吾食时到，恒鸣大鼓，令诸人民悉得闻知，用我时食，当得百**味**上妙之供。(0403c03)

第二节 《贤愚经》双音节量词

一、重叠式

处处：指到处，共出现 5 次。例证：

（1）时月光王国豫有种种变怪兴现，地**处处**裂，曳电星落、阴雾昼昏，雷电霹雳。（0389a10）

（2）时长者子，骑鸟背上，鸟便担飞，**处处**游观，情既满厌，还归其舍，日日如是。（0442a10）

家家：指每家，共出现 1 次。例证：夫妇之道，**家家**皆有，汝独何为改操若兹？（0382a25）

日日：指每日，共出现 33 次。例证：

（1）有一仙人，住仙山中，时驳足王，恒常供养，**日日**食时，飞来入宫，不食肴膳，粗食粗供。（0443c26）

（2）尊者本来，有一狗子，**日日**于耳，窃为说法。（0443a24）

种种：共出现 10 次。例证：

（1）时快目王国，**种种**灾怪悉皆兴现。（0391c20）

（2）**种种**妙物，持用供养。（0404a24）

二、并列式

亿万：数量单位，共出现 3 次。例证：愿我后生，遭值圣尊，胜于此士，巨**亿万**倍，演散法义，无穷无尽，令我身者，亦获果证。(0442a25)

斤两：重量单位，共出现 1 次。例证：譬如迦留楼酰尼药，极为毒苦，若等**斤两**，比于石蜜，彼善恶报，亦复如是。(0376b04)

三、音译量词

由旬：古印度长度单位，梵语 yojana 的音译，一由旬相当于一只公牛走一天的距离，大约七英里，即 11.2 公里，共出现 12 次。例证：

（1）其身长大，七百**由旬**。(0379a19)

（2）日半**由旬**，如转轮王足行之法，世尊亦尔。(0419b22)

第八章

《贤愚经》副词研究

第一节 《贤愚经》时间副词

一、表示过去、已然、实现结果

曾：表示过去、曾经的意思。共出现5次。例证：

（1）世尊奇相，三十有二，身手诸相，犹**曾**得见，未睹如来足下轮相，愿见示众，咸共敬观。（0363b20）

（2）是时国中有盲导师，自前已**曾**数返入海，太子闻之，即往到边，向其殷勤，嘉言求晓。（0411c26）

（3）时诸比丘，闻佛所说，叹未**曾**有，欢喜奉行。（0360b06）

方始：表示实现的意思。共出现1次。例证：彼高屋上，初夜

中夜，不得睡眠，今**方始**眠。（0373c21）

已：表示已然的意思。共出现2次。例证：

（1）时洴沙王**已**得初果，信敬之心倍复隆厚，常设上妙四事所须，供养于佛及比丘僧，乐人同善，志兼劝导。（0360c15）

（2）尔时世中，有居士妇，躬往请佛及比丘僧，然佛先**已**可一贫女，受其供养，此女**已**得阿那含道。（0371a24）

已经：共出现3次。例证：

（1）**已经**数日，粮食乏尽，饥饿迷荒，无余方计，怜爱其子，欲杀其妇，而欲自济并用活儿。（0356b07）

（2）太子不食，**已经**六日，到明七日，命必不全。（0411b28）

二、表示将来

将：本义为"率领"，动词，后来引申为"将要"，副词。共出现146次，其中副词用法23次。例证：

（1）时有一老母，唯有二男，偷盗无度，财主捕得，便**将**诣王，平事案律，其罪应死，即付旃陀罗，将至杀处。（0352b20）

（2）尔时长者，复婴痼疾，困笃着床，**将**死不久，遗言殷勤，告其二子。（0393c26）

（3）世尊身上所著之衣，有少穿坏，**将**欲以化应度众生，乞食周讫，欲还所止。（0438c25）

垂：本义为"接近"，动词，后来引申为"将要"，副词。共出现3次。例证：

131

（1）时婆罗门，觌此比丘，见毁被害，苦困**垂**死，而无怨色，不生瞋恨，便自悔责，忏谢已过。（0394c24）

（2）今复贪色，**垂**当死亡，由目连故，致得安隐。（0442a25）

三、表示正然、进行、现在

始：共出现33次。例证：

（1）初**始**得佛，念诸众生，迷网邪倒，难可教化。（0349a07）

（2）时均提沙弥，**始**得道已，自以智力，观过去世，本造何行，来受此形，得遭圣师，而获果证？（0444c12）

适：本义为"到"，动词，后来引申为"正值"，副词，共出现44次，其中副词用法9次。例证：

（1）时**适**持瓶，诣河取水，思惟是苦，举声大哭。（0384a01）

（2）时婆罗门子，**适**欲娶妇，手把大豆，当用散妇，是其曩世，俗家之礼。（0440c07）

正：本义为"端正"，形容词。后来，引申为"正在"，副词。共出现44次，其中副词用法5次。例证：

（1）汝早应去，何以迟晚？今**正**是时。（0376c13）

（2）时优婆夷，闻佛世尊，**正**由我故，制诸比丘，不得食肉，生大苦恼，以缘于己，永令比丘不食肉故，即语夫言。（0375c05）

四、表示短暂、突发、暂且

便即：共出现1次。例证：是时善求，及诸贾人，咸共诚心，

祷诸神祇，欲济饥俭，于空泽中，遥见一树枝叶郁茂，**便即**趣之。（0416c08）

顿：共出现6次。例证：

（1）毗舍离子三十二人，不但今日为王所杀，三十二人一时**顿**死。（0401b26）

（2）其兄泪咤，连遭衰艰，所在破亡，财物迸散，家理**顿**穷，无有方计，往到弟边，说所契阔，求索少钱，供足不逮。（0435a02）

忽然：共出现6次。例证：

（1）于时须达，闻佛僧名，**忽然**毛竖，如有所得，心情悦豫，重问之言。（0418c13）

（2）是时众人，见其形容法服有异，及诸六师，**忽然**起立，如风靡草，不觉为礼。（0420b04）

即便：共出现53次。例证：

（1）说是偈已，王大欢喜，心无悔恨大如毛发，**即便**书写，遣使颁示阎浮提内，咸使诵习。（0349b18）

（2）**即便**使人，草索系脚，拽置寒林中。（0384a25）

（3）**即便**命之，共须达往。（0419b22）

遂：本义为"实现"，动词。后来，引申为"于是"，副词。共出现44次，其中副词12次。例证：

（1）**遂**逐到门，求共相见。（0399b26）

（2）时弥勒等，**遂**怀慕仰，徘徊迹侧，豫钦渴仰。（0433a28）

寻：共出现88次，义为"不久，很快"。例证：

（1）六师徒众，**寻**逐其后。（0361c25）

（2）尔时目连，于此骨山一大肋上，来往经行，弟子随行，**寻**自思惟："我今和上，既已无事，我宁可问向来事不？"（0378a28）

（3）时骄陈如，**寻**即说言："假使有人，得百车珍宝，计其福利，不如请一净戒沙门就舍供养得利弘多。"（0434b16）

寻便：共出现3次，义为"不久，很快"。例证：

（1）时舍利弗咒愿已讫，**寻便**问言："汝于毗沙门天王，有何因缘，而称其名？"（0374b09）

（2）既从定起，觉顶有冠，**寻便**思察，知魔所为。（0443a24）

暂：共出现6次。例证：

（1）由在彼世，不能谦顺，自恃多财，秉捉僧事，**暂**有微患，懒不自起，驱役圣人，令除粪秽。（0397c21）

（2）即与群众，**暂**还祇洹。（0424b10）

五、表示时间的延续、屡次

犹：共出现87次，其中，"犹如"出现38次。例证：

（1）我今与汝，共为夫妻，若有死事，**犹**望不违，嘱此小事，直作一言，当不相从，我用活为？（0382c20）

（2）陶演法雨，莫不蒙润，乃至禽鸟，**犹**闻法声。（0437c22）

（3）都计算竟，一切人民，日得一升，**犹**尚不足，从是已后，人民饥饿，死亡者众。（0402a14）

数数：共出现6次。例证：

(1) 佛日初出, 慧流肇润, 无心拔擢, 没在重网, 兄王洴沙, 甚爱重之, 殷勤方便, 晓令奉佛, 弟执邪理, 不从王教, **数数**勅令请佛供养。(0360c15)

(2) 复至波罗, 往造居士, 与共相识, **数数**往来。(0442b28)

常: 共出现119次。例证:

(1) 时洴沙王已得初果, 信敬之心倍复隆厚, **常**设上妙四事所须, 供养于佛及比丘僧, 乐人同善, 志兼劝导。(0360c15)

(2) 时彼家中, **常**令使人入林取薪, 是时使人, 早赴入林, 上树采薪。(0373c21)

犹故: 共出现6次。例证:

(1) 布施之报, 十世受福, 六天人中, 往返十到, **犹故**不如放人出家及自出家功德为胜。(0376b04)

(2) 此贤劫中, 千佛过去, **犹故**不脱。(0423a15)

犹自: 共出现2次。例证:

(1) 如是再三, 移坐就上, **犹自**见身, 乃在下末, 更无力能, 俛仰而坐。(0360c15)

(2) 往昔菩萨, 以一鸽故, **犹自**屠割, 不惜身肉; 况此比丘, 于鸽有降, 我宁不可爱自己身肉而不济? (0375a14)

向来: 共出现1次。例证: 既已无事, 我宁可问**向来**事不? (0378a28)

六、表示逐渐、缓慢

渐: 共出现49次。例证:

（1）父亡没后，家业衰耗，**渐**致贫穷。（0354b13）

（2）转复前行，其水**渐**深，可齐于岐，复经七日。（0407a18）

渐渐：共出现6次。例证：

（1）尔时世尊，与诸四众，前后围绕，放大光明震动大地，至舍卫国，所经客舍，悉于中止，道次度人，无有限量，**渐渐**来近舍卫城边，一切大众，持诸供具，迎待世尊。（0421a28）

（2）长者爱之，与子使弄，**渐渐**长大，互相怀念。（0442a10）

七、表示间隔、紧密相接

遂便：义为"于是"，共出现5次。例证：

（1）**遂便**遗归，至于道半，身体转痛，止一树下。（0367a21）

（2）大王后时，被病困笃，诸小王辈，皆来瞻省，不能自免，**遂便**薨背。（0439c04）

寻便：义为"于是"，共出现3次。例证：

（1）说是语已，**寻便**过去。（0373a25）

（2）时舍利弗咒愿已讫，寻便问言："汝于毘沙门天王，有何因缘，而称其名？"（0374b09）

寻即：义为"接着"，共出现3次。例证：

（1）见诸女辈坐仙人前，**寻即**问曰："汝于四空定，为悉得未？"（0359c20）

（2）恶心已生，**寻即**堕落，当本殿前，委顿欲死。（0440b28）

寻时：义为"接着"，共出现13次。例证：

(1) 临到河边，意卒散乱，执之不固，失儿堕水，**寻时**博撮，竟不能得。(0385b06)

(2) 比丘即往，奉教为之，排入户内，**寻时**融消。(0427c01)

第二节 《贤愚经》程度副词

一、表示程度最高

极：共出现121次。例证：

(1) 此阎浮提，五百贾客，共行旷野，经由险路，大山谷中，**极**为黑暗。(0393b11)

(2) 君身**极**丑，初见惊怖，谓非是人。(0365a16)

甚：共出现181次。例证：

(1) 于是六师，**甚**怀恼恚，各至闲静，求学奇术。(0361b01)

(2) 尊者所告，实为**甚**善！尊者去后，当办所供，以待世尊。(0374c14)

最：共出现1次。例证：

(1) 不审，世尊！过去世时，于此众中，**最**尊**最**妙，其事云何？(0415b17)

(2) 尔时须达长者，末下小女，字曰苏曼，面首端正，容貌**最**

妙，其父怜爱，特于诸子，若游行时，每将共去。（0440c17）

深自：义为"非常"，共出现4次。例证：

（1）王承斯问，**深自**咎责，合率所领诸小王辈，严办车马，欲朝大王。（0398c02）

（2）尔时四众，从佛闻说过去因缘，心怀欢喜，**深自**惋悼悲叹而言。（0438c15）

最为：义为"极为"，共出现9次。例证：

（1）时彼国王，有十太子，各领诸国，最小太子，字修婆罗提致，晋言善住，所领国土，人民观望，**最为**丰乐。（0356b07）

（2）我乃尔时，于诸人中，**最为**尊妙；吾今成佛，众相具足，于此众中，**最为**奇妙。（0416a29）

何其：义为"多么"，共出现8次。例证：

（1）面貌丑陋，身皮粗恶，**何其**可憎？乃至如是。（0358a23）

（2）今者我身贫困极甚，坐卧草蓐，衣不盖形，家无升斗，**何其**苦耶？（0384c28）

二、比较程度高

更：共出现158次。例证：

（1）乃往过世，有一长者，财富无数，无有子息，**更**取小妇，虽小家女，端正少双。（0368a27）

（2）其王闻之，心用信伏，**更**遣使命，兼献珍宝。（0400c15）

倍更：义为"更加"，共出现1次。例证：其母素性，不能良

138

善，怀妊已来，**倍更**异常，心性恭顺，乐宣人德，慈矜苦厄，不喜说过。（0423b06）

倍复：义为"更加"，共出现 3 次。例证：

（1）见其形状，**倍复**瘙陋，不忍见之，意无欲与一钱之想。（0424b10）

（2）求愿已讫，**倍复**欢喜。（0435a12）

倍用：义为"更加"，共出现 3 次。例证：

（1）油师夫妇，见其神变，**倍用**欢喜，甚增敬仰，夫见是已，便语妇言。（0365b25）

（2）垂当出里，复见世尊，**倍用**鄙耻。（0397a25）

三、表示程度低

颇：义为"稍稍"，共出现 7 次。例证：

（1）汝本高朗，今**颇**更有胜汝者不？（0422c19）

（2）汝等**颇**识此虫宿缘所造行不？（0443c26）

稍：义为"稍微"，共出现 4 次。例证：

（1）四日出时，诸大江海，悉皆枯竭；五日出时，大海**稍**减。（0354b26）

（2）莫绝杀我，**稍**割食之，可经数日。（0356b07）

几：义为"几乎"，共出现 2 次。例证：

（1）由卿调象不合制度，致使今者**几**危吾身。（0421b28）

（2）婆世踬沙门，往昔之时，与彼女子，有何因缘，心染惑

着，几致危没？(0442a07)

第三节 《贤愚经》范围副词

一、表示总括

皆：共出现295次。例证：

（1）尔时初夜有二天，来诣于佛所，天人身光，照曜祇桓，**皆**如金色。(0353b18)

（2）尔时有长者，生一男儿，当尔之时，天雨七宝，遍其家内，**皆**令积满。(0359b09)

悉：共出现153次。例证：

（1）佛于是日，化诸会者，**悉**令自见为转轮王，七宝千子，诸王臣民，肃恭承已，侍仰无减。(0362c26)

（2）此人年高老耄，诵经、坐禅、佐助众事，三事**悉**缺。(0377b20)

俱：也作"具"。共出现53次。例证：

（1）我今躬欲入海采宝，谁欲往者？可共**俱**进。(0406b20)

（2）**俱**往佛所，而白佛言："贤者阿难，本兴何福，而得如是无量总持？"(0417a13)

（3）过去与眼，其事云何？唯愿垂哀，**具**为解说。（0390c21）

普：共出现 40 次。例证：

（1）佛于是日，**普**令大会一切众生，心心相知，各各一人知一切心，所念善恶，志趣业行。（0362c21）

（2）如来出世，多所润益，**普**雨甘露，侵润群生，以是之故，当共一心信敬佛法。（0437c22）

尽：共出现 68 次。例证：

（1）所得钱财，**尽**用买金，因得一瓶，于其舍内，掘地藏之。（0369b04）

（2）金地王众，求索出家，佛即听许，须发自堕，袈裟在体，思惟妙法，**尽**得阿罗汉果。（0399a02）

皆悉：义为"都，全"，共出现 32 次。例证：

（1）摩诃阇迦樊欲设大檀，有所须者，**皆悉**来取。（0405c19）

（2）金轮复转，蹑虚而进，群臣七宝，**皆悉**随从。（0440a19）

遍：共出现 21 次。例证：

（1）佛于此日，入慈三昧，出金色光，**遍**照大千。（0363b01）

（2）人皆藏窜，无敢行者，**遍**行求觅，更不能得。（0424a08）

悉皆：义为"都"，共出现 27 次。例证：

（1）时快目王国，种种灾怪**悉皆**兴现。（0391c20）

（2）尔时长者须达，敬信佛法，为僧檀越，一切所须，**悉皆**供给。（0436c08）

咸皆：义为"都"，共出现 9 次。例证：

（1）尔时国中，有五百贾客，**咸皆**来集，悉言欲去。

(0411c26)

（2）尔时诸比丘，**咸皆**生疑："贤者阿难，本造何行，获此总持，闻佛所说，一言不失？"（0417a13）

都悉：义为"都"，共出现 1 次。例证：一切人民男女大小，睹斯瑞应，欢喜踊跃，来诣佛所，十八亿人，**都悉**集聚。（0421a28）

二、表示限定

独：共出现 34 次，主要用在专名"孤独园"中，做副词"独自"讲 7 次。例证：

（1）今王臣民大众围绕，我**独**一身，力势单弱，不堪此中而斫王头，欲与我者，当至后园。（0389c19）

（2）此阎浮提有四河水、二大国王，一王名曰婆罗提婆，晋言梵天，**独**据三河，人民炽盛，然复仁弱。（0402c19）

唯：共出现 180 次。例证：

（1）时有一老母，**唯**有二男，偷盗无度。（0352b20）

（2）此金财比丘，本造何福，自生已来，手把金钱？**唯**愿世尊！当见开示。（0358c09）

但：共出现 39 次，做副词"只"讲 9 次。例证：

（1）佛于是日，于高座上，自隐其身，寂灭不现，**但**放光明，出柔软音，分别演畅诸法之要。（0363a26）

（2）王**但**严办器物，极令饶多。（0363b20）

各：共出现 248 次。例证：

（1）后六国王，闻律师跋蹉有绝妙之女，**各**贪欲得，兴兵集众，竞共来索。（0365a02）

（2）尔时诸比丘，**各**处异国，随意安居。（0369a21）

各自：共出现 19 次。例证：

（1）贤者阿难，及诸会者，闻佛所说，悲怅兼怀，**各自**感励，勤求法要。（0367a14）

（2）尔时阿难，及诸比丘，闻佛所说，**各自**劝励，精进修道。（0431b25）

各各：共出现 30 次。例证：

（1）有得初果乃至四果，有发旷济之心住不退者，**各各**喜悦，顶戴奉行。（0431b25）

（2）诸比丘众，**各各**洗钵，有一猕猴，来从阿难，求索其钵，阿难恐破，不欲与之。（0430a04）

三、表示统计

凡：共出现 19 次。例证：

（1）尔时梵王，于如来前，合掌赞叹，说于如来先身求法，为于众生**凡**有千首。（0352b12）

（2）我等众人**凡**有五百，开意出钱，用办船具。（0422a26）

共：共出现 229 次。例证：

（1）后六国王，闻律师跋蹉有绝妙之女，各贪欲得，兴兵集

众，竞共来索。(0365a02)

（2）我今与汝，**共**为夫妻，若有死事，犹望不违，嘱此小事，直作一言，当不相从，我用活为？(0382c20)

总：共出现 10 次。例证：

（1）贤者阿难，本造何行，获此**总**持，闻佛所说，一言不失？(0417a13)

（2）此阎浮提，有大国王，名曰提毗，**总**领八万四千诸小国王。(0438a25)

都：共出现 30 次。例证：

（1）等视众生，如父如母，如兄如弟，爱润之心，**都**无增减。(0363b01)

（2）波婆梨自竭所有，合集财贿，为设大会，请婆罗门，一切**都**集，供办肴膳种种甘美。(0432c13)

四、表示类同

亦：共出现 242 次。例证：

（1）拘睒弥王，名曰优填，将诸群臣，**亦**来奉迎。(0361c13)

（2）提婆达者，不但今日怀不善心欲中伤我，过去世时**亦**常恶心杀害于我。(0366b09)

亦复：义为"也"，共出现 8 次。例证：

（1）吾与其眼，不但今日，过去世时，**亦复**与眼。(0390c19)

（2）而此天者，非但今日请佛及僧，尸弃佛时亦来世间，供养

世尊及于众僧，乃至迦叶佛时，**亦复**如是。(0409c24)

亦自：义为"也"，共出现3次。例证：

(1) 然彼长者，**亦自**念言："我女端正，人中英妙，要得贤士，形色光晖，如我女比，乃当嫁与共为婚姻。"(0384b21)

(2) 此耶贳羁，是阿罗汉，三明具足，能知人根，观此二儿，与道无缘，**亦自**息意，不殷勤求。(0442b28)

第四节 《贤愚经》语气副词

一、表示确定、强调

必：共出现90次。例证：

(1) 时婆罗门，闻女所说，知**必**贤能，而问女言："汝父母在不？"(0399b26)

(2) 舍卫城内，婆罗门众，信邪倒见，余人往者，**必**不能办。(0419b22)

务：做副词"务必"讲出现1次。例证：所勑美食，非为甘肥，教使晚饭饥虚得食，粗细尽美；其明镜者，非铜铁镜，教令早起洒扫内外，端整床席，**务**令净洁。(0400a02)

必当：共出现5次。例证：

145

（1）**必当**有佛，我书所记，佛星下现，天地大动，当生圣人。（0433a15）

（2）于时阿泪咤，具以本末向王而说："**必当**由施辟支佛故。"（0435b13）

宁可：共出现 7 次。例证：

（1）优填白佛，说六师辞："世尊！**宁可**与捔之不？"（0361c13）

（2）如来出世，甚为难遇，我等诸人，生在下贱，蒙尊遗恩，济活身命，既受殊养，贪得出家，不审世尊！**宁可**得不？（0386a06）

二、表示委婉、推度

不必：共出现 1 次。例证：我**不必**乐，祖父已来，以此为业，若舍此事，无以自济。（0410c11）

三、表示疑问、反诘

何不：共出现 18 次。例证：

（1）时王舍城，有一长者，名尸利苾提，其年百岁，闻出家功德如是无量，便自思惟："我今**何不**于佛法中出家修道？"（0376c13）

（2）王问之曰："**何不**还牛？"（0428c11）

还复：出现1次。例证：尔时天帝，见其执志心不移转，**还复**释身，住其儿前。（0356b07）

岂：共出现11次。例证：

（1）尔时大王，摩诃罗檀那者，**岂**异人乎？今我父王阅头檀是。（0353b08）

（2）今此女人，乃能如是，自割身肉，以供沙门，甚为奇特！我等若舍聚落田宅，**岂**足为难？（0376a16）

四、表示评价

幸：共出现8次，其中做副词"有幸"讲3次。例证：

（1）虽和其音，而不见形，既无交通奸淫之事，**幸**愿垂矜，勾其生命。（0355c16）

（2）大王聪圣！**幸**恕虚过。（0429a22）

第五节 《贤愚经》情态副词

一、表示反复

重：共出现70次，其中做副词"重复"讲3次。例证：

（1）复**重**启王："王若相听，当自求之。"（0440c17）

（2）须发自落，法衣着身，随彼所应，**重**为说法，心垢都尽，得罗汉道。佛即将其，还祇陀林。（0424a18）

又：共出现71次。例证：

（1）此沙门者，宿种何德，生于豪贵，小而能言，**又**复学道，逮得神通？（0354b11）

（2）佛知此事欲护诸比丘不起恶业故，**又**欲显此老比丘德，于大众中，呼福增言。（0379c12）

又自：义为"又"，共出现1次。例证：阿难惊觉，怖不自宁，**又自**思惟：所梦树者。（0387b09）

再三：共出现1次。例证：其人默然不答彼问，**再三**问之不出一言。（0369b04）

二、表示躬亲

躬：共出现 9 次。例证：

（1）我今**躬**欲入海采宝，谁欲往者？可共俱进。(0406b20)

（2）时王闻之，乘车马舆，**躬**自往求，到檀弥离长者门前。(0430c19)

三、表示交互

互相：共出现 3 次。例证：

（1）长者爱之，与子使弄，渐渐长大，**互相**怀念。(0442a10)

（2）此身无常苦空无我，生多危惧，不得久立，众恼缠缚，辛酸难计，恩爱别离**互相**悲恋，唐困身识，于道无益。(0401a21)

各自：共出现 19 次。例证：

（1）贤者阿难，及诸会者，闻佛所说，悲怅兼怀，**各自**感励，勤求法要。(0367a14)

（2）**各自**惊怪，喜庆无量。(0362c26)

四、表示特意、任意

随意：共出现 10 次。例证：

（1）嘱及已竟，还往佛所，稽首问讯，问讯讫竟，**随意**住止。

（0394c24）

（2）尔时诸比丘，各处异国，**随意**安居。（0369a21）

五、表示暗自

窃：共出现 1 次。例证：尊者本来，有一狗子，日日于耳，**窃**为说法。（0443a24）

六、表示直接

径：义为"直接"，共出现 10 次。例证：

（1）时婆罗门，渐到大城，**径**至殿前，高声唱言："我在他国，承王名德，一切布施，不逆人意，故涉远来，欲望乞匃。"（0391c20）

（2）**径**前得入，坐于仙人常坐之处，办如常食，以用供养。（0425b20）

七、表示徒然

枉：共出现 1 次。例证：汝之无道，**枉**杀我儿。（0428b03）

第六节 《贤愚经》否定副词

一、表示单纯的否定

（一）对叙述的否定

不：共出现1415次。例证：

（1）此恒伽达者，先世之时，种何善根，投山**不**死，堕水**不**溺，食毒无苦，箭射无伤，加遇圣尊得度生死？（0355c13）

（2）六师群迷，**不**自度量，贪着利养，生嫉妒心，求与世尊触试神力，言佛作一，我当作二。（0364a29）

无：共出现811次。例证：

（1）当此之时，王大欢喜，心**无**悔恨，自立誓愿。（0350a03）

（2）此人设当不以生死恐畏之事而怖之者，于出家利，空**无**所获。（0377c27）

不必：共出现1次。例证：我**不必**乐，祖父已来，以此为业，若舍此事，无以自济。（0410c11）

不复：共出现5次。例证：

（1）我实无状，自今已后，更**不复**为，唯见恕放，当自改厉。（0425c08）

(2) 我家大小，以我老耄，**不复**用我。（0377a15）

莫：义为"没有"，共出现58次，其中无指代词49次。例证：

(1) 我虽入海，不久当还，唯愿**莫**大忧念于我。（0411c26）

(2) 若欲布施，我家所有，一切众物，及藏中残，尽令汝用，**莫**入大海。（0406a27）

（二）表示对已然的否定

不曾：共出现1次。例证：其女谛察，目**不曾**眴，欢喜踊跃，不能自胜。（0357b11）

未：共出现75次。例证：

(1) 时诸年少，**未**知得道，如前激刺；尸利苾提心已调顺，威仪安详，默无所陈。（0379c12）

(2) 于时如来，即复发引，到前**未**远，有五百童女，共游旷野。（0396c07）

(3) 摩头罗瑟质，积何功德，出家**未**久，获得应真，意有所须，随意而得？（0430b04）

未曾：共出现28次。例证：

(1) 妇见其夫，两目完净，端正威相，未曾所睹，喜不自胜，往白其父。（0414a25）

(2) 尔时阿难，闻佛所说，欢喜踊跃，叹未曾有，而作是言。（0437c22）

（三）表示判断的否定

非：共出现110次。例证：

(1) 大王所刑，**非**适为之，此人自种，今受其报，由杀一牛，

犹尚如是。(0401c26)

(2) 梨耆弥言："非臣所达，是臣儿妇之智辩耳。"(0400c15)

二、表示禁止的否定

勿：共出现37次。例证：

(1) 所度乞儿，作比丘者，我不请之，慎**勿**将来。(0386b01)

(2) 愿王但住，**勿**忧驳足，臣等思计，设备防虑，锻铁为舍，王且在中，驳足虽猛，何所能耶？(0426c03)

第九章

《贤愚经》介词研究

第一节 《贤愚经》时间方所介词

时间方所介词表示时间、处所或方位。《贤愚经》的时间方所介词包括从（146次）、自（19次）、自从（3次）、于（840次）、到（244次）、在（411次）、当（14次）、向（121次）、由（1次）。这些介词均传承于上古汉语，中古时期还产生了一个新介词：曼（1次）。

一、表示时间

从1："从"既可表时间，又可表处所，表时间的用"从1"记录，表处所的用"从2"记录。例证：

(1) 我**从**始来乃至于今，无有悔恨大如毛发，我所求愿，必当果获。(0351c26)

(2) **从**是以来，五百世中，恒生贫贱乞匄之家。(0371a24)

自：义为"动作发生时间的起点"。例证：

(1) **自**怀妊后，心性聪了。(0363c11)

(2) **自**今以往，听民恣心，作十恶事，勿更惮情。(0363c11)

自从：与"自""从"一样，表示时间的起点。例证：

(1) **自从**是来，世世端正猛力轻疾。(0427c11)

(2) **自从**生来，有何异事？(0432b14)

由1："由"字在经文中共出现162次，表示时间的只有1处，我们用"由1"记录；有102处是"由于、因为"之意，下文原因介词讨论，用"由2"记录。其余的"由"都作"缘由"讲，属于名词范畴，不做统计。例证：我**由**往昔，于诸出家着染衣人，深生信心，敬戴之故，致得成佛。(0438a21)

当：经文中共出现343次，只有14处充当介词，一般和"时"连用，构成"当……时"结构，表示时间，其余都是"应该、应当"之意，属于能愿动词，这里不做讨论。例证：

(1) 汝所施油，**当**共同福受果极时，共为夫妻。(0365b25)

(2) **当**入水时，尽脱鞋屣，汝独不脱，有何意故？(0399a23)

曼：义为"趁着"。例证：**曼**其未长，当豫除灭，久必为患。(0432b14)

二、表示处所

于1:"于"在经文中共出现899次,表示时间方所的有840处,表示关涉对象的有59处,下文讨论。表示时间方所的用"于1"记录,与后面的地点名词构成介宾短语,表示处所,做状语,可翻译为"在",也可表示"到""从""在……方面"的意思;关涉对象中表示对象范围的用"于2"记录,表示比较的用"于3"记录。例证:

(1) 我**于**久远生死之中杀身无数。(0350a19)

(2) 我本生**于**梵志之家,我父尊贵,国中第一。(0367a21)

从2:后面一般接"来"或"到",表示处所之间的变化。例证:

(1) 为**从**何方而来至此?(0386b01)

(2) 时有大臣,**从**外边来,见此一人,而被囚执。(0355c16)

到:一般和处所名词构成介宾短语,做地点状语。例证:

(1) 追**到**岸边,见摩诃萨埵死在虎前。(0352c11)

(2) 还**到**本国,当立精舍,不知摸法?(0419b19)

在:一般和处所名词构成介宾短语,做地点状语。例证:

(1) 一时佛**在**摩竭国善胜道场。(0349a07)

(2) 王答之曰:"**在**王舍城竹园中止。"(0431a23)

三、表示方向

向1："向"既可表方位，又可表对象，我们把表方位的用"向1"记录，表示"朝向或去向"，做地点状语；把表对象的用"向2"记录。例证：

（1）有知慧巧便人，以小缘故，能发大心趣**向**佛道；懈怠懒惰人，虽有大缘，犹不发意趣**向**佛道。（0372a03）

（2）时捕鱼人及牧牛人，一时俱共合掌**向**佛，求索出家，净修梵行。（0423a19）

第二节 《贤愚经》凭借方式介词

凭借方式介词表示依据、工具、方式或方法，表示行为以某物为工具或凭借，或引进原因。《贤愚经》的凭借方式介词包括按（2次）、依（19次）、以（616次）、用（311次）、凭（4次）。

依：义为"依从、依照"，表示依据的原因或事物。例证：

（1）**依**何因缘，法门初开，而先得入。（0360b09）

（2）天竺作字，**依**于二种：或依星宿，或依变异。（0405a04）

按："按"字在经文中共出现4次，2处属于动词范畴，我们不做讨论。例证：从王舍城，至舍卫国，还来到舍，共舍利弗，**按**

行诸地,何处平博,中起精舍,**按**行周遍,无可意处。(0419b22)

凭:表示"凭借、根据"的意思,表示一种依据、方式或方法。例证:

(1)仰**凭**太子,犹如父母。(0350c16)

(2)纵逸荒迷,不识礼度,**凭**远守谬,不承王命。(0391a18)

以1:"以"在经文中共出现703次,表示凭借方式的有600处,义为"用、拿、凭借"的意思,我们用"以1"记录,义为"用",表示凭借、工具、方式或方法;表示原因的有7处,义为"因为",我们用"以2"记录;表示施事的有9处,义为"把",我们用"以3"记录。"以2""以3"在下文原因介词和施事受事介词中讨论。例证:

(1)唯**以**财宝资给一切。(0349a07)

(2)后得佛时,当**以**智慧光明照悟众生结缚黑暗。(0350a03)

用:表示凭借、工具、方式或方法。例证:

(1)欲**用**饭佛,及于圣僧。(0354b13)

(2)便**用**好宝,赠遗于王。(0353b24)

第三节 《贤愚经》原因目的介词

原因目的介词表示原因、目的,《贤愚经》的原因目的介词包括为(270次)、因(96次)、因为(1次)、由2(102处)、由于

(9次)、以2（7次）。

一、表示目的

为1："为"字在经文中共出现996次，作为介词的有302处。其中，表示目的166处，我们用"为1"记录，表示"为了"的意思，后面接名词或动词性短语，引出目的；表示原因9处，我们用"为2"记录；表示对象95处，我们用"为3"记录；表示被动32处，我们用"为4"记录。例证：

（1）恒**为**众生采集法药。（0349a07）

（2）云何**为**此一婆罗门，弃此世界一切众生？（0349b24）

二、表示原因

为2：义为"因为"，引进原因。例证：

（1）以先出家，**为**上座故，常苦言克切。（0377b20）

（2）我聚财宝，尽**为**汝故，汝意欲尔，奈何相违？（0405b02）

因1："因"可以表示原因，可以表示结果。表示原因的用"因1"记录，和"为2"用法一样；表示结果的用"因2"记录。例证：

（1）女见佛身，益增欢喜，**因**欢喜故，恶相即灭。（0357b11）

（2）我**因**宿福，今为人主，财宝五欲，富有四海。（0390c22）

以2：义为"因为"。例证：

（1）我家大小，**以**我老耄，不复用我。(0377a15)

（2）此人设当不**以**生死恐畏之事而怖之者。(0377c27)

因为：复音介词，上古就已出现，并沿用至今。"因为"在经文中共出现18次，仅有1处是表示时间的介词，另外17处表示"因此为了……怎么样"的意思，这里我们不做讨论。例证：世尊弘慈，**因为**说法四谛微妙，随其宿缘，皆获诸果。(0438c15)

由2：表示"因为"的意思，做原因状语。例证：

（1）**由**此因缘，命终之后，生在长者家，今复请佛，闻法得道。(0354b13)

（2）**由**此因缘，五百世中，常作猕猴。(0443c15)

由于：跟"因为"类似，都是复音介词，产生于上古时期，并沿用至今，引进原因。例证：

（1）**由于**尔时一妄语故，堕大地狱，多受苦毒。(0383a14)

（2）皆**由于**法种其善因，致使其后各获妙果。(0432a21)

第四节　《贤愚经》关涉对象介词

关涉对象介词表示对象范围、比较或排除，《贤愚经》的关涉对象介词包括对（3次）、为4（95）次、除（2次）、比（1次）、向2（51次）、于2（20次）、于3（39次）。

一、表对象范围

对：在经文中共出现27次，作为对象介词用法只有3处，后面跟对象名词构成介词短语，引出对象。例证：

（1）**对**之悲恸，为之葬埋，随其所教。(0412b14)

（2）**对**我发哀，埋此沙中。(0412b14)

于2：表示"对"的意思，与"对"一样，引出对象。例证：

（1）若我住世，**于**事无益。(0349a07)

（2）一切所须，幸垂勅及，**于**大师所不敢有惜。(0350a19)

为3：表示"替"的意思，引出"替"的对象。例证：

（1）时有一人，**为**王守园。(0353b24)

（2）唯愿二亲！**为**我请佛及比丘僧。(0354a23)

向2：与"对"的用法和意义一样，引出对象。例证：

（1）咸皆同时，**向**王求哀。(0350a19)

（2）于是辅相，已见纳受而常秉执，便**向**国王，深谮谗之。(0400c25)

二、表排除

除："除"在经文中共出现67次，只有2处是介词用法，表示"除了""除……之外"的意思。例证：

（1）欲求善法，**除**佛法已，更无胜故。(0376b04)

（2）唯**除**父母，不以施耳，其余一切，不逆来意。（0391b24）

三、表比较

比：作为介词，《贤愚经》只出现 1 次，引出比较对象。例证：以汝方之，如瞎猕猴**比**彼妙女。（0354b26）

于 3：表示"比"的意思，与后面名词构成介词短语做状语，表比较。例证：

（1）啼哭之泪多**于**四海，如是种种，唐捐身命。（0350a19）

（2）贤者答言："更有羸瘦甚剧**于**汝。"（0354b26）

第五节　《贤愚经》施事受事介词

施事、受事介词表示主动、被动关系，《贤愚经》的施事、受事介词包括将（18 次）、被（25 次）、为 4（32 次）。

一、表示主动

将：表示"把"的意思，在整个句子中表主动，引出施事的对象，也就是受事的主体。例证：

（1）**将**其父母及其太子，入宫供养。（0356b07）

（2）**将**此女人，付骄昙弥，令授戒法。（0367a21）

二、表示被动

被：引出受事的对象。例证：

（1）见此一人，而**被**囚执，便问左右。（0355c16）

（2）宗党徒类，当**被**诛戮。（0366b13）

为[4]：表示"被"的意思，通常与"所"字搭配构成"为……所"结构，表示被动。例证：

（1）**为**汝所困，轮回三界。（0351c26）

（2）当犯官法**为**王所杀。（0355a20）

第十章

《贤愚经》助词研究

第一节 《贤愚经》语气助词

一、陈述语气助词

也：包括六种语法意义：一是用在陈述句句末，表论断、决断或者终结语气，一般不译，有时可译为"呢""的"；二是用在陈述句末，表行为的已然、讲究或者必然，可译为"了""啦"；三是用在复句前一分句末尾，或者外位成分后面，表提顿语气，可译为"啊""呀"，也可不译；四是在若干词语并列或者几事联举时，表停顿，可译为"啦""呀"，也可不译；五是用在时间名词或者副词性词语后面，表提顿或者停顿，可译为"啊""呀"，也可不译；六是用在陈述句末尾，表限制语气，与"耳"相似，可译为"而已""罢了"。共出现 136 次。例证：

（1）尔时刹罗伽利王者，岂异人乎？我身是**也**。（0404a16）

（2）尔时母者，今现我母摩诃摩耶是**也**。（0416c28）

（3）今悉有此，似当是**也**。（0433a15）

焉：包括八种语法意义：一是用在副词、形容词词尾，与"然"类似，黏着在描写声貌情态的副词、形容词后面，有"……的样子"的意思，可不译；二是用在时间词后面补凑音节，兼有停顿作用，接近于复音词的词尾，可不译；三是用在句中舒缓语气，有的可译为"啊"，有的不译；四是用在前置宾语或者前置补语后面加重语气，对前置成分具有强调作用；五是用以提顿或者停顿语气，可译为"啊""呀"，或者不译；六是用在陈述句末尾，表论断、决断或者终结语气，有郑重其事告诉别人，使人深信不疑的意味，一般不译，有的译为"呢""的"；七是用在陈述句末尾，表动态的已然、将然或者必然，可译为"了""啦"；八是用在陈述句末尾，表限制语气，与"耳"类似，可译为"而已""罢了"。共出现 3 次，其中用作陈述语气助词仅 1 次。例证：因为作字，字摩头罗瑟质，晋言蜜胜，以其初生之日蜜为瑞应，故因名**焉**。（0430a04）

矣：包括四种语法意义：一是用在陈述句末，表行为的已然、将然或者必然，可译为"了""啦"；二是用在复合句前一分句句末，表提顿或者停顿语气，可译为"啊""呀"；三是用在陈述句句末，表论断、决断或者终结语气，可译为"的"，也可不译；四

165

是用在陈述句句末，表限制语气，相当于"耳"，可译为"而已""罢了"。共出现126次。例证：

(1) 吾将终**矣**，死证已现。(0351c05)

(2) 吾年转大，无有一子以续国位，若其一旦崩亡之后，诸王臣民，不相承受，便当兴兵枉害民命，国将乱**矣**，何苦之剧。(0364b09)

(3) 女心欢喜，我愿遂**矣**。(0381a19)

夫：包括五种语法意义：一是用在句首，表议论的开始；二是用在时间名词后面表停顿，一般不译，也可译为"啊""呀"；三是用在句中以舒缓语气，可不译；四是用在陈述句句末，表论断、决断或者终结语气，一般不译，有的可译为"呢""的"；五是用在陈述句句末，表行为的已然、将然或者必然，可译为"了""啦"。共出现96次，其中用作句首语气助词3次。例证：

(1) **夫**为道者，能以法教？(0368c02)

(2) 夫婆罗门，于时不在，行远问言。(0375a26)

哉：包括两种语法意义：一是用在句中以舒缓语气，可不译；二是用在陈述句句末，表论断、决断或者终结语气，一般不译，也可译为"的""呢"。共出现60次。例证：

(1) 善**哉**善**哉**！汝所问者，多所饶益。谛听善思！(0400c07)

(2) 善**哉**！如来权导实难思议。(0428a24)

耳：包括四种语法意义：一是用在陈述句句末，表限制语气，有"不过如此"的意味，或者说是"而已"两字的合音，可译为"罢了"；二是用在陈述句句末，表示论断、决断或者终结语气，可译为"的""呢",也可不译;三是用在复句前一分句句末,表提顿、停顿语气,一般去掉不译,有的可译为"啊";四是表示行为的已然、将然或者必然,可译为"了""啦"。共出现45次。例证:

(1)此事易**耳**,但取其木,用着水中,根自沉没,头浮在上?(0400c06)

(2)思死不得,以故哭**耳**。(0384a01)

者:包括五种语法意义:一是用在时间词后面,表停顿语气,可不译;二是用在句中以表示提顿、停顿语气,一般不译,有的可译为"啊""呀";三是用在叙述句后面表示提顿,可不译;四是用在副句的前一分句句末,表提顿语气,提请读者注意,可不译;四是用在陈述句句末,表论断、决断或者终结语气,一般不译,有的可译为"呢""的";五是用在陈述句句末,表示行为的已然、将然或者必然,可译为"了""啦"。共出现356次。例证:

(1)此三人**者**,非但今日蒙我得活,乃往过去,亦蒙我恩而得济活。(0352c08)

(2)迦叶如来灭度之后,遗法垂末,有二婆罗门,受持八斋,其一人**者**,求愿生天。(0353b24)

二、疑问语气助词

乎:包括两种语法意义:一是用在是非问或者反问句句末,表示疑问、反问语气,可译为"吗""么";二是用在选择问或者特指问句句末，可译为"呢"。共出现62次。例证：

（1）欲知不**乎**？明听善思？（0369b02）

（2）尔时刹罗伽利王者，岂异人**乎**？（0404a16）。

耶：包括两种语法意义：一是用在疑问句或者反问句的句末，表示疑问或者反问语气，可译为"吗""么"；二是用在特指问或者选择问句的句末，表示疑问语气，可译为"呢"。共出现74次。例证：

（1）复有何庆，得睹如来，就迎之**耶**？（0368b15）

（2）如来涅槃，一何疾**耶**？（0387c10）

第二节　《贤愚经》结构助词

结构助词表示附加成分和中心语之间的结构关系，可以分为两大类：一类是领属性结构助词，另一类是凸显性结构助词。领属性结构助词最典型的是"之"；凸显性结构助词起强调作用，用在强调主语或者宾语的特殊结构中。列举如下：

之：包括五种语法意义：一是中心词没有出现，以定语代替整个名词性短语，这种形式，可译为"……的（人、事等）"；二是表明前附词语是领属性定语，可译为"的"，也可不译；三是用在句子主语和谓语之间，使句子在形式上转化为偏正短语（语义没有太大变化），不译；四是表示事情发生的时间，使分句变成表示时间的副词性偏正词组，可译为"……的时候"，句尾往往要用语气助词"也"表示提顿；五是用在表示时间、类属的名词性短语中，不译。共出现378次。例证：

（1）夫人处世，端政丑陋，皆由宿行罪福**之**报。（0358a23）

（2）当此**之**时，王大欢喜。（0350a03）

者：包括六种语法意义：一是用在定语和中心词之间，可译为"的"；二是用在动词、形容词或者由动词、形容词组成的短语后面，可译为"……的（人、事、地方等）"；三是定语放在中心词后面的标志，兼有语气助词的作用；四是与"如""若""似"等词（即使没有这类词，也有这种意义）相配合，组成"如（若、似）……者"格式，表示比喻关系，可译为"……似的""像……的样子"；五是用在因果复句前一分句末尾，使句子短语化，并构成论断关系，兼有提顿语气作用，可译为"……的原因"；六是用在数量词补语和中心语之间，可以不译。共出现356次。例证：

（1）尔时大王，摩诃罗檀那**者**，岂异人乎？（0353b08）

（2）所以**者**何？我自忆念过去世时，慈心孝顺，供养父母，乃至身肉济活父母危急之厄。（0356a27）

所：包括两种语法意义：一是用作结构助词，相当于"之"，表明它的前附词（可以省略）是领属性定语，而非主语，同时标志它的后附词语是名词性短语（无论其原来是何种性质），可不译；二是前一种结构形式，当"所"后的名词性短语的中心词没有出现时，可以看作省略，"所"后面的定语（多是动词、动词性短语或者形容词），发挥着整个名词性短语的替代作用，可译为

"(所)……的人（事、物、地方、原因等）"。共出现 358 次。例证：

(1) 闻佛**所**说，欢喜奉行。(0353b15)

(2) 尔时王波斯匿，及诸群臣，一切大众，闻佛**所**说因缘果报，皆生信敬，自感佛前。(0358b14)

(3) 佛于是日，普令大会一切众生，心心相知，各各一人知一切心，**所**念善恶，志趣业行。(0362c21)

第十一章

《贤愚经》连词研究

第一节 《贤愚经》并列连词

连接的语言单位之间地位相等,语义关系多样,可以相同,可以相近,也可以相关,或者相反,这些并列成分在句子中共同承担某个相同的语法功能。列举如下:

与:表示并列关系。共出现 15 次。例证:

(1) 王**与**群臣及四种兵,乘虚而上。(0440a19)

(2) 佛**与**众僧,至拘睒弥。拘睒弥王,名曰优填,将诸群臣,亦来奉迎。(0361c13)

(3) 明日时到,佛**与**众僧,往诣其家,众坐已定,婆罗门夫妇齐心同志,敬奉饮食。(0430a04)

及:表示并列关系。共出现 25 次。例证:

（1）尔时太子，报谢天王**及**诸臣民："何为遮我无上道心？"天**及**人众，即各默然。（0351a28）

（2）时尊者阿难，**及**诸众会，闻佛所说，咸增敬仰，欢喜奉行。（0360c12）

并[1]：表示并列关系。共出现12次。例证：

（1）尔时帝释**并**梵天王，各捉一手，而复难之。（0351a28）

（2）时优填王与八亿众，**并**洴沙等诸国人民，悉共往诣，集越祇国。（0361c25）

（3）闻毗婆尸佛说浴僧之德，情中欣然，思设供养，便勤作务，得少钱谷，用施洗具，**并**及饮食，请佛众僧，而已尽奉。（0409c18）

及：表示并列关系。共出现22次。例证：

（1）于时如来**及**与众僧，从王舍城，往毗舍离。（0361b27）

（2）欲用饭佛**及**于圣僧。（0354b13）

（3）尔时阿难，**及**于众人，闻佛所说，怅然不乐，悲伤交怀，咸共同声。（0423a15）

（4）若蒙所愿，愿赐一子，当以金银校饰天身，**及**以名香涂治神室。（0355a20）

既……又（复/且/亦）…… 表示并列关系。共出现16次。例证：

（1）**既**蒙王禄，其家**又**富，信心诚笃广殖福业，请佛及僧，施设大檀。（0370c15）

（2）先世之时，我与其眼，乃至今日，由见我故，**既**得肉眼，

复得慧眼。(0392c15)

（3）至于中路，有一大河，**既**深**且**广，即留大儿，着于河边，先担小儿，度着彼岸，还迎大者。(0367a21)

（4）时彼林边，有大河水，**既**深**且**駛。(0377b20)

（5）白言大王："有佛世尊！**既**能调身，**亦**能调心。"(0372c18)

（6）长者闻此，譬如人噎，**既**不得咽**亦**不得吐。(0382c20)

且……**且**……表示并列关系。共出现1次。例证：贤者阿难及诸会者，闻佛所说，且悲且喜，顶戴奉行。(0402b23)

一……**一**……表示并列关系。共出现1次。例证：时有二道，一道七日，一道十四日。(0356b07)

第二节 《贤愚经》承接连词

连接的前后两个语言单位之间存在动作发生的先后关系，而表达这种承接关系的多数是副词与连词的兼类。列举如下：

乃[1]：共出现17次，义为"于是，就"。例证：

（1）时彼国中，有长者子，适初丧妇，**乃**于城外园中埋之，恋慕其妇，日往出城，冢上涕哭。(0367a21)

（2）所以然者，譬如一丝，不任系象，合集多丝，**乃**能制象。(0434b28)

（3）如来先昔，造何功德，而**乃**有此多塔之报？（0368c23）

遂：共出现22次，义为"于是，就"。例证：

（1）我便可之，**遂**为夫妻。（0367a21）

（2）诸龙大小，送到城外，各怀悲恋，**遂**共别去。（0408a04）

遂便：共出现4次，义为"于是，就"。例证：

（1）乃往过世，有一长者，财富无数，无有子息，更取小妇，虽小家女，端正少双，夫甚爱念，**遂便**有娠。（0368a27）

（2）儿渐痟瘦，旬日之间，**遂便**丧亡。（0368a2）

遂乃：出现1次，义为"于是，就"。例证：寻路推求处处，或得天冠衣服，或见落血，**遂乃**见王，驾乘余象，还来入城。（0372a17）

遂复：出现1次，义为"于是，就"。例证：渐复生华，大如车轮，**遂复**有果，大五斗瓶，根茎枝叶，纯是七宝若干种色，映灿丽妙，随色发光，掩蔽日月。（0362b08）

即：共出现7次，义为"于是，就"。例证：

（1）时须陀素弥，闻说此偈，思惟义理，欢喜无量，**即**立太子，自代为王，与诸臣别，当还赴信。（0426c03）

（2）时辟支佛，寻知其意，**即**随其后，往到门中。（0435a12）

即复：共出现6次，义为"于是，就"。例证：

（1）于时如来，**即复**发引。（0396c07）

（2）我时闻之，**即复**闷绝，良久乃稣。（0367a21）

于是：经文中，"于""是"连用时，多属于两个单音节词。例证：当于是时，其家有人，从海中来，赍一鸟卵，用奉长者。

（0442a10）作为合成连词，表示承接关系，义为"于是，就"出现 7 次。例证：

（1）**于是**众人白尊者言："尊者福德，实为弘博，化度群萌，不可称数。"（0443b27）

（2）**于是**共别，转前到海，勅语贾人牢治其船，令有七重，候风以至，推着海中。（0406c15）

则：共出现 9 次，义为"于是，就"。例证：

（1）近善知识**则**增善法，近恶知识便起恶法。（0380c04）

（2）譬如莲花，见日**则**便开敷。（0373c21）

便：共出现 98 次，其中做形容词，义为"方便"3 次。例证：尔时舍卫城中，人民众多，居止隘迮，厕溷鲜少，大小便利，多往出城。（0397a25）其余义为"于是，就"。例证：

（1）说是偈已，**便**欲投火。（0351a28）

（2）**便**请一五戒优婆塞，共入大海。（0354b26）

（3）聪明女人，能得此智知所怀妊，分别男女，**便**自说言："我所怀妊，必当是男。"（0410b12）

（4）时长者妇，自以财富，轻忽贫者，嫌佛世尊先受其请，**便**复言曰："世尊云何不受我供，乃先应彼乞人请也？"（0371a24）

（5）说是偈已，而**便**燃火。（0350a03）

（6）过去由于贪故，而**便**堕落。（0439c04）

即便：共出现 38 次，义为"马上，就"。例证：

（1）**即便**使人，草索系脚，拽置寒林中。（0384a25）

（2）是儿宿世，卷手而生，父母惊怪谓之不祥，即披儿两手，

观其相好，见二金钱在儿两手，父母欢喜，**即便**收取。(0358b21)

寻便：共出现3次，义为"马上，就"。例证：

（1）时舍利弗呪愿已讫，**寻便**问言："汝于毘沙门天王，有何因缘，而称其名？"(0374b09)

（2）既从定起，觉顶有冠，**寻便**思察，知魔所为，即以神力，感魔使来，化其狗尸，令似佛饰，而告魔言。(0443a24)

辄：共出现2次，义为"于是，就"。例证：

（1）毘沙门王见其如是，欲往试之，**辄**自变身化作夜叉。(0349a07)

（2）**辄**自并身，投于火坑。(0351a28)

然后：共出现13次，义为"于是，就"。例证：

（1）若不见随，我先杀儿，**然后**自杀。(0382c20)

（2）使人各各分处赴趣作业，**然后**自食，以是为常。(0400a02)

第三节 《贤愚经》递进连词

递进连词连接的成分之间在语义关系上具有层进关系。这类连词，《贤愚经》中出现7个。列举如下：

况：共出现18次，义为"何况"。例证：

（1）正使白衣说法，诸天鬼神，悉来听受，**况**出家人？

(0373a25)

（2）往昔菩萨，以一鸽故，犹自屠割，不惜身肉；**况**此比丘，于鸽有降，我宁不可爱自己身肉而不济？(0375a14)

（3）以是缘故，有强志者，乃至女人，读诵经法，不惜身肉，得诸道果，**况**于丈夫勤心道业，当不成者乎？(0376a16)

（4）以伯忠良，王令平事，国人信用，我亲弟子，非法犹尔，**况**于外人，枉者岂少？(0382c20)

岂况：共出现3次，义为"何况"。例证：

（1）乃至飞鸟，缘爱法声，获福无量，**岂况**于人信心坚固受持之者，所获果报，难以为比。(0437b17)

（2）生死之中，何可畏耶？析体兄弟，不识恩养，**岂况**他人？(0435a02)

何况：共出现3次，义为"况且，进一步说"。例证：

（1）当奉王勅，正使大王以狗见赐，我亦当受，**何况**大王遗体之女？(0357b11)

（2）尊者告曰："吾为畜生时，亦化众生，使得圣果，**何况**今日？"(0443b27)

况复：共出现2次，义为"何况"。例证：

（1）今此树枝，能出如是种种好物，**况复**其根？(0416c08)

（2）佛告王曰："鸯仇摩罗，当如今者不能杀蚁，**况复**余耶？"(0424c24)

加：共出现49次，义为"进而"。例证：

（1）此恒伽达者，先世之时，种何善根，投山不死，堕水不

溺,食毒无苦,箭射无伤,**加**遇圣尊得度生死?(0355c13)

(2)摩诃斯那言:"我复有奇特好事。我女人身,**加**复在家,而能除灭二十身见,得须陀洹。"(0374b29)

(3)时檀腻羁,为诸债主,所见催逼,**加**复饥渴。(0428b03)

并[2]:共出现37次,其中用作并列连词,义为"与""和"12次,例证见前"并[1]";用作递进连词,义为"进而"25次。例证:

(1)国王臣民,闻此贫女奉上一灯受记作佛,皆发钦仰,**并**各施与上妙衣服,四事无乏。(0371b04)

(2)大垦地于中下种,后当得谷,以自供养,**并**复当得,以输王家。(0405b02)

乃至:共出现25次,义为"进而"。例证:

(1)尔时众会,闻佛所说,自生信心,有得初果,**乃至**第四果者,复有发心住不退转。(0359c04)

(2)自忆念过去世时,慈心孝顺,供养父母,**乃至**身肉济活父母危急之厄。(0356a27)

第四节 《贤愚经》选择连词

连接的前后语言单位之间具有选择关系,彼此对等并列。《贤愚经》出现3个。列举如下:

或:共出现49次,义为"或者"。例证:

（1）国中人民，见诸女人，**或**是释种，**或**是王种，尊贵端正，国中第一，悉舍诸欲，出家为道，凡五百人，莫不叹美，竞共供养。（0367a21）

（2）狱卒阿傍，取诸罪人，种种治之，**或**以刀斫，**或**以车裂，分坏其身，作数千段。（0354b26）

（3）彼人妇者，傥能端政，晖赫曜绝？**或**能极丑，不可显现？（0357b11）

或复：共出现4次，义为"或者"。例证：

（1）**或复**臼捣，**或复**磨之，刀山剑树，火车镬汤，寒水沸屎，一切备受。（0354b26）

（2）或有悲结吐血死者，或有愕住无所识者，或自剪拔其头发者，**或复**攫裂其衣裳者，或有两手攫坏面者，啼哭纵横，宛转于地。（0390a12）

宁……不……共出现3次，义为"（如果）……就……"例证：

（1）尔时世尊，殷勤赞叹持戒之人，护持禁戒，**宁**舍身命，终**不**毁犯。（0380a19）

（2）夫人生世，诚信为本，虚妄苟存，情所未许，**宁**就信死，**不**妄语生。（0426c03）

此外，还有一种不用选择连词的无标记选择关系。例证：

（1）若放男女，若放奴婢，若听人民，若自己身，出家入道者，功德无量。（0376b04）

（2）我法清净，无有贵贱，譬如净水，洗诸不净，若贵若贱，

若好若丑，若男若女，水之所洗，无不净者。(0386a06)

第五节 《贤愚经》假设连词

假设连词的前置性很强，表示的条件和结果关系基于假设，结果表现在主句中。《贤愚经》出现19个。列举如下：

则：共出现39次，义为"（如果）……就……"例证：

（1）汝今若能以信敬心，设食供养此诸贤士，**则**可现世称汝所愿。(0370a06)

（2）所以尔者？近善知识**则**增善法，近恶知识便起恶法。(0380c04)

（3）若言沙弥毁辱我者，**则**谤良善，当堕地狱受罪无极。(0381b29)

苟：共出现18次，义为"如果"。例证：

（1）**苟**欲布施，成汝本志，我家所有藏内余残，尽当与汝，以用布施。(0411b28)

（2）**苟**能成办，不违信誓。(0388c16)

若：共出现139次，其中构成合成词"若干"5次，例证：于时如来，化其两边，成两宝山，严显可观，众宝杂合，五色晖耀，光焰炜晔，**若干**种树，行列山上，华果茂盛，出微妙香。借作"阿若骄陈如""檀若世质"等人名用字3次，例证：尔时世尊，初始得道，度**阿若骄陈如**等，次度郁卑罗迦叶兄弟千人，度人渐广，蒙脱者众。（0359c09）用作连词131次，义为"如果"，例证：

（1）**若**我至诚，所愿当就，令此众贾及船珍宝，不逢恶难，安全还国。（0406c15）

（2）**若**我住世，于事无益，不如迁逝无余涅槃。（0349a07）

（3）以我忠信不妄语故，故王立我为国平事，**若**一妄言，此事不可。（0382b08）

（4）然今我母怀妊，须待分身，若苟是女，入财不迟，**若**或是男，应为财主。（0382a07）

若苟：共出现3次。例证：

（1）然今我母怀妊，须待分身，**若苟**是女，入财不迟，若或是男，应为财主。（0382a07）

（2）汝等**若苟**爱敬我者，慎勿伤害此婆罗门。（0389c19）

假：共出现3次，其中用作动词，义为"借"2次，例证：愿见哀愍，**假**我七日，施彼道士，当归就死。（0426b03）用作连词，义为"如果"1次，例证：因问大王："**假**其终没，诸王太子，谁应绍嗣？"（0415b21）

假使：出现3次。例证：

（1）**假使**有人，起七宝塔，高至三十三天，所得功德，不如出家。（0376b04）

（2）**假使**有人，得百车珍宝，计其福利，不如请一净戒沙门就舍供养得利弘多。（0434b16）

（3）**假使**复无辟支佛时，有诸五通学仙之徒，复依止住，终无

空废。(0386b29)

假令：共出现 1 次，义为"如果"。例证：若人愚痴，心怀诳谄，一切众中，恶贱下劣，设有所说，人悉知之，皆言："此人谄欺无实。"**假令**实说，舍不信用。(0377c12)

如：共出现 439 次，其中构成专名"如来"221 次，例证：其祖须达，见之情悦，倍加爱念，将至祇洹，奉觐**如**来。(0441a27) 用作动词，义为"像""如"217 次，例证：若我出家，智慧辩才，与舍利弗等者，情则甘乐；若当不**如**，便自归家。(0442b13) 用作连词，义为"如果"1 次，例证：**如**其无验，当坏汝庙屎涂汝身。(0355a20)

若令：共出现 3 次，义为"如果"。例证：

（1）迦毗梨言："**若令**吉还，当为我受。"(0406b20)

（2）如是余时，在所应意，**若令**满得四天下宝，劫尽之时，理当消灭，复不得久。(0435b26)

若使：共出现 2 次，义为"如果"。例证：

（1）**若使**有人为出家者作诸留难，令不从志，其罪甚重。(0376b04)

（2）臣答王言："**若使**大王保我身命，复保如来常住于此，复令国土常安无灾；若使能保此诸事者，我乃息意，放王先请。"(0439a12)

设：共出现 59 次，其中用作动词，义为"设置，摆设"55 次，例证：尔时大女，往适他家，奉给夫主，谦卑恭谨，拂拭床褥，供**设**饮食，迎来送去，拜起问讯，譬如婢事大家。(0382a25)

用作连词,义为"假如",例证:

(1) **设**我父崩,兄当继治,我既年小,无望国位,生于一世,已不作王,处世何为?不如幽静以求仙道。(0427a07)

(2) 我当云何杀此比丘?吾**设**不杀,当夺我金。(0417b29)

傥:共出现25次,义为"假如,如果"。例证:

(1) **傥**不忌讳,听臣说之。(0391a18)

(2) 母复告曰:"自今已往,若共谈论,**傥**不如时,便可骂辱。"(0422c19)

(3) 今弟共往险厄之中,**傥**能济要,胜于他人。(0411c26)

(4) 彼人妇者,**傥**能端政,晖赫曜绝?或能极丑,不可显现?(0357b11)

一旦:共出现2次,义为"如果有一天"。例证:

(1) 我无子息,**一旦**命终,居家财物,当入国王。(0429c13)

(2) 吾年转大,无有一子以续国位,若其**一旦**崩亡之后,诸王臣民,不相承受,便当兴兵枉害民命,国将乱矣,何苦之剧。(0364b09)

不者:出现1次,义为"不然的话"。例证:吾不相逼,随太子意!能如是者,我为说法;**不者**不说。(0350c16)

若必:共出现4次,义为"如果"。例证:

(1) **若必**顾留,违我志愿,伏身此地,终不复起。(0406a27)

(2) **若必**拒逆不见给者,汝更七日,头破七段。(0432c13)

若复:共出现3次,义为"如果"。例证:

(1) **若复**食饱,可赍持去。(0402b05)

（2）**若复**不获，彼诸猎师，宗党徒类，当被诛戮。（0366b13）

若当（令）：共出现 14 次，义为"假设"。例证：

（1）我曹罪积，苦毒特兼，**若当**遇佛，必见救济。（0392c26）

（2）**若当令**我是大王者，如来则当常住我国，由我小故不得自在。（0436b20）

（3）远去比丘，当须伴侣，由无粮饷，或不逮伴，道路迟险，多诸毒兽，**设当**独涉或致危难。（0401a21）

（4）此人**设当**不以生死恐畏之事而怖之者，于出家利，空无所获。（0377c27）

设复：共出现 1 次，义为"如果"。例证：大施闻此，愿不从心，甚怀悒戚，而自心念："我今所愿，欲办大事，**设复**贪身，事何由成？"（0406a27）

设令：共出现 3 次，义为"如果"。例证：

（1）**设令**山泽遇害不还，亦当以物与汝妻子。（0366b13）

（2）**设令**有人，得一阎浮提满中珍宝，犹不如请一净戒者就舍供养获利弥多。（0434b16）

傥复：共出现 3 次，义为"如果"。例证：

（1）言既不用，**傥复**见杀，当就除之，为民去患。（0391a18）

（2）今闻与我，共入大海，**傥复**见拒，咎我不少。（0411c26）

第六节 《贤愚经》让步连词

让步连词的先后两个语言单位，前者表示一种让步，后者表示在让步情况下，结果和结论并不发生任何变化。《贤愚经》出现3个。列举如下：

虽：出现69次，义为"即使"。例证：

（1）长者被病，**虽**服医药，不能救济，奄致命终。(0393c26)

（2）懈怠懒惰人，**虽**有大缘，犹不发意趣向佛道。(0372a03)

（3）**虽**复有是，未尽我心，今当推求妙宝法财以利益之。(0349b24)

正使：出现7次，义为"即使"。例证：

（1）尔时佛赞智慧行者，欲成佛道，当乐经法赞诵演说，**正使**白衣说法，诸天鬼神，悉来听受，况出家人？(0373a25)

（2）海水深广，三百三十六万里，**正使**一切人民之类，尽来共杼，不能使减，况汝一身，而欲办此？(0408b10)

正令：出现1次，义为"即使"。例证：**正令**得满四天下宝，其利犹复不如请一清净沙门诣舍供养得利殊倍。(0434b28)

第七节 《贤愚经》因果连词

因果连词连接的两个语言单位之间存在原因与结果关系。《贤愚经》出现9个。列举如下：

故：共出现157次，其中做名词义为"原因"139次，例证：此婢恒常不听入舍，今暮何**故**，乃于此死？（0384a25）做连词义为"因此"18次，例证：

（1）自佛出家，心每思念，**故**手纺织，规心俟佛。（0434a06）

（2）统领四域，四十亿岁，七日雨宝，及在二天，而无厌足，**故**致坠落。（0440b28）

（3）今诸人众，**故**复劳苦？（0403b04）

由：共出现87次，其中做名词义为"缘由"12次，例证：顷来诸事，卿何由知？（0400c15）做连词义为"由于"，出现在句子开头，例证：

（1）**由**其前世持此一金钱，及一瓶水并此明镜，施众僧故，世世端正，身体金色，容仪晃昱殊妙无比，九十一劫，恒常如是。（0385a24）

（2）**由**此因缘，五百世中，常作猕猴。（0443c15）

因：共出现5次，义为"因为"。例证：

（1）**因**此善心，生忉利天，自识宿命，故来报恩。（0437c15）

（2）诸人听许，便起攀枝而上，乘骑其鸟，翔虚而去，**因此**鸟故，得延寿命。(0442a10)

因而（尔）：共出现6次，义为"于是，就"。例证：

（1）病既得愈，看识佛手，**因而**言曰："悉达余术，世不承用，复学医道，善能使知。"(0366a18)

（2）时舍利弗闻于世尊当般涅槃，深怀叹感，**因而**说曰："如来涅槃，一何疾耶？世间眼灭，永失恃怙。"(0387c10)

（3）尔时于林树间，有一比丘，坐禅行道，食后经行，**因尔**诵经，音声清雅妙好无比。(0437b02)

因复：共出现8次，义为"于是，就"。例证：

（1）**因复**将之，共到佛所，启白世尊，如向之事。(0355a20)

（2）长者益欢，情在无量，**因复**劝请，便为立字。(0441b27)

缘：共出现179次，其中做名词义为"因缘"158次，其余为连词用法，义为"由于"，出现在句子开头。例证：

（1）**缘**前鸟时诵持四谛，心自开解，成辟支佛，一名昙摩，二名修昙摩。(0437a22)

（2）**缘**汝之故，我等安隐，本心所规，今已得之。(0431b09)

以故：共出现4次，义为"因此"。例证：

（1）在僧比丘，多欲无厌，贮聚储畜，贪求悋惜，嫉妒爱着，**以故**不能得大名闻。(0380b06)

（2）尊者！我既年老，恒执苦役，加复贫穷，衣食不充，思死不得，**以故**哭耳。(0384a01)

是故：共出现27次，义为"因此"。例证：

187

（1）**是故**行者，应强心立志勇猛善缘，何以知然？（0372a03）

（2）**是故**行者，当勤精进趣向佛道。（0373a14）

是以：共出现 31 次，义为"所以"。例证：

（1）老母语言："斯是尊塔，功德弥弘，**是以**修补，欲望善果。"（0441b1）

（2）吾将终矣，死证已现，如今世间，佛法已灭，亦复无有诸大菩萨，我心不知何所归依，**是以**愁耳。（0351c05）

所以：共出现 4 次，义为"因此"。例证：

（1）**所以**然者，从穴出时，无有众恼，心情和柔，身亦如是。（0429a22）

（2）诸人报言："衣食既充，乏于音乐，**所以**治此，欲用自娱。"（0439c04）

因由：共出现 2 次，其中 1 次做名词，义为"原因"，例证：汝天我人，绝无**因由**，何故称我为姊妹耶？（0373a25）另外 1 次做连词，义为"因此"，例证：**因由**昔日灯明布施，从是已来，无数劫中，天上世间受福自然，身体殊异超绝余人，至今成佛，故受此诸灯明之报。（0371b13）

第八节 《贤愚经》转折连词

转折连词连接的两个语言成分，后者在前者基础上语义关系发生逆转。《贤愚经》出现3个。列举如下：

然：共出现135次，其中构成合成词"自然"65次，出现在"怅然"类派生词中做词缀22次，做代词义为"这样"出现21次，其余为连词用法，义为"然而，可是"。例证：

（1）虽复禀受长者遗体，才艺智量，出过人表，**然**是厮贱婢使所生，不及儿次，名在奴例。（0393c03）

（2）是时国中有一辅相，其家大富，**然**无儿子。（0355a20）

（3）一王名曰婆罗提婆，晋言梵天，独据三河，人民炽盛，**然**复仁弱。（0402c19）

但：共出现63次，其中构成合成词"不但"32次，单用作副词义为"仅，只"27次，其余为转折连词，义为"可是"。例证：

（1）头如株杌，手脚如轴，不肯生活候伺他家，不规钱买，**但**欲唐得。（0365b25）

（2）于是婆罗门，富敌王家，**但**无子息可以绍继。（0405a04）

而：共出现163次。例证：

（1）彼长者子，以何因缘，无有眼耳舌及手足，**而**生富家，为此财主？（0382b04）

（2）此宝天比丘，本作何福，**而**当生时，天雨众宝，衣食自然，无有乏短？（0359b21）

（3）于是太子宛转辛苦，匍匐**而**行，渐小前进，到梨师跋陀国。（0413a03）

（4）彼鱼见已，即作人语**而**告之曰："汝等若饥，欲须食者，来取我肉；若复食饱，可赍持去。"（0402b05）

第九节 《贤愚经》条件连词

条件连词连接的两个语言成分，前者提出条件，后者表示在此情况下会出现的结果。《贤愚经》出现 2 个。列举如下：

但：仅出现 1 次。例证：会母分身，生我一弟，无有眼耳舌及手足，**但**有男根，得为财主。（0382a25）

但使：仅出现 1 次。例证：婆罗门闻欢喜无量，而作是言："**但使**有儿，学道何苦？"（0429c13）

第十二章

《贤愚经》音译词研究

由于《贤愚经》源自梵文，不少词语无法用汉语意译，译者就采取了直接音译的手段，因而《贤愚经》出现许多音译词。按照音译词的音节数量，可以分为双音节词、三音节词和多音节词。本章主要描写双音节音译词和多音节音译词，三音节音译词详见第八章。

第一节 《贤愚经》音译词的意义分析

一、人名

阿难：全名阿难陀，有喜庆、开心的意味。他是佛祖叔父之子，也是佛祖十大弟子之一。佛得道归家的时候，跟随佛陀一起出

家。因为长得漂亮清秀,曾经历女子勾引之难。作为佛陀的侍奉,他听的经文最多,记忆力超群,被称赞为"多闻第一"。例证:

(1) 尔时**阿难**、一切众会,闻佛所说,欢喜奉行。(0353b15)

(2) 佛告**阿难**:"谛听善念!我当说之。"(0356b05)

提婆达多:简称"提婆"或是"达多",是上天授予、上天给予的意思。他是佛祖叔父的儿子,阿难的兄弟,从小与佛祖一起修习技艺,资质颇优,常与佛祖竞争优劣。佛祖得道之后,跟随佛祖出家,精心修习佛道。由于久不得道,遂生嫉妒之心,犯了五逆罪,成为恶比丘,死后坠入阿鼻地狱。例证:

(1) 不审宿世,**提婆达多**,亦为伤害,尔时慈愍,其事云何?(0410a20)

(2) **提婆达多**,过去世时,贪利丧身,其事云何?(0416b22)

二、地名

阿鼻:全称"阿鼻地狱",梵文"无间"的意思,即受尽苦难没有间断。此地狱是佛教八大地狱中的第八地狱,是死后受苦刑最多的地狱,坠入这里者都是生前作恶多端的人。例证:

(1) 若以一众生故,在于**阿鼻**地狱,住经一劫,有所益者,当入是狱,终不舍于菩提之心。(0372c18)

(2) 由其欺僧恶口骂故,身坏命终,堕**阿鼻**狱,身常宛转沸屎之中,历九十二劫,乃从狱出。(0443c26)

祇树给孤独园:又称为"祇园精舍"或者"祇恒精舍",是松树多、松林茂盛之意。这里是古印度著名佛教圣地，位于舍卫城南面。祇树，是只陀太子的所有树林；给孤独，是舍卫国人须达的别称。须达素来乐善好施，帮助孤独者，所以得此美称。这座精舍由须达和太子合建，故称作祇树给孤独园。精舍占地广阔，河流围绕，花开鸟鸣，环境非常优雅，佛祖在世时经常在这里讲经。例证：

（1）一时佛在舍卫国**祇树给孤独园**。(0444b19)

（2）今此园地，须达所买，林树华果，祇陀所有，二人同心，共立精舍，应当与号太子**祇树给孤独园**，名字流布，传示后世。(0421b12)

三、佛教专名

比丘：出家后遵守清规戒律的男子，有五种意思：一是靠行乞生活之人；二是破除烦恼之人；三是出家之男子；四是遵守佛教规定和戒律之人；五是远离罪恶之人。符合以上五种情况之人才可以称为比丘。出家的女子叫比丘尼。例证：

（1）一时佛在王舍城竹园之中，与千二百五十**比丘**俱。(0360c15)

（2）时诸**比丘**，阿难之等，闻佛所说，欢喜奉行。(0370a03)

迦叶：是"摩诃迦叶"的简称，有隐藏光芒之意。他是释迦牟尼的十大弟子之一，以"头陀第一"著称。生在王舍城郊区婆罗门家中，佛祖得道后第三年随其出家，后得到阿罗汉果位，人格高尚，处事清廉，深得佛祖赏识。他是佛祖十大弟子中最没有执念的一个，后来泛指达到迦叶果位的所有僧人。例证：

（1）过去有佛，名曰**迦叶**。(0371a24)

（2）王于天上，受五欲乐，尽三十六帝，末后帝释，是大**迦叶**。(0440b22)

檀越：施主之意。越，施舍给别人的功德；檀越，即超越贫穷。也有说"檀越"是钵底之意，指提供给僧人食物之人。檀越统称施舍给僧人衣物和食物以供养他们之人。例证：

（1）若有**檀越**，请一持戒清净沙门，就舍供养，所得盈利，何如有人得十万钱？(0434b16)

（2）会有**檀越**，来请其师及诸弟子，三月一时。(0423b25)

第二节　《贤愚经》音译词的音节类型

一、双音节词

须达：也译为"须达多"，是乐善好施、心地仁慈之意。须达是古印度舍卫国的一名长者，波斯匿王的大臣，性格温和，待人仁慈，经常施舍受苦受难的人们而不求回报，常被王国内的人称颂。后来，他皈依佛门，建造了祇树给孤独园，供养无数佛陀。例证：

（1）第十一日，**须达**请佛。(0363a26)

（2）**须达**欢喜，更着新衣，沐浴香汤，即往白王。(0420a17)

瞿夷：也译为"瞿坡"或"瞿婆"，指漂亮的女子。本是释迦牟尼未曾出家以前的第一个夫人，也是善觉王的女儿，经历了世间多次轮回。例证：

（1）彼时妇者，今**瞿夷**是。(0365b15)

（2）尔时妻者，今**瞿夷**是。(0415a20)

瞿昙：古印度姓氏，仙人后裔，释迦牟尼祖先，也译为"裘昙"或"乔答摩"，是土地肥沃，牛粪，甘蔗之意，也意译为"泥土、灭恶或牛粪"等。例证：

（1）长者须达，买祇陀园，欲为**瞿昙**沙门兴立精舍。(0419c27)

（2）**瞿昙**弟子，自知无术，伪求技能，众会既集，怖畏不来。(0420b04)

优填：拘睒弥国国王，爱人民之意。相传优填王后专心修习佛法，最终成为佛陀的大护法。优填王没有以礼相待习佛之人，有仇苦闷，生了大病，群臣用牛头山香木造了一尊五尺高的佛像，优填王才大病痊愈，因此形成了古印度大造佛像之风。例证：

（1）次第二日，**优填**王请佛。(0362b19)

（2）拘睒弥王，名曰**优填**，将诸群臣，亦来奉迎。(0361c13)

弥勒：释迦牟尼圆寂之后的第五尊佛，凡间是慈育国王，叫昙摩流支，受释迦牟尼度化，经历轮回苦难，最终成为弥勒佛。例证：

（1）**弥勒**知意，而语之言："汝今能共至精舍不？"（0434b16）

（2）于时在会一切大众，见佛世尊授**弥勒**决当来成佛，犹字弥勒，各皆有疑，欲知本末。（0436a04）

罗刹：也译为"罗萨"，是"迅疾的鬼，可怕的人"之意，古印度佛教中专指吃人肉喝人血的恶鬼。男罗刹长着黑色身子、红色头发、绿色眼睛；女罗刹是绝美妇人，有神通力，可在空中飞行，也可在地面快走，专门食人血肉。例证：

（1）出城渐远，逢一**罗刹**，名曰蓝婆。（0370b09）

（2）大海之法，不受死尸，若水回波，夜叉**罗刹**，出置岸上。（0378a28）

夜叉：也译为"药叉"或"野叉"，指动作迅速敏捷的鬼。他们住在天上或者地下，有的危害人间，有的维护正义，守护佛法。夜叉分为三类：地上鬼，行走迅速，不能飞行；虚空鬼，力大无穷，行走迅速，不可飞行；天上鬼，可在天空急速飞行，一般是守护佛法的鬼。例证：

（1）既到海中，海神变身，作一**夜叉**，形体丑恶，其色青黑，口出长牙，头上火燃。（0354b26）

（2）时有**夜叉**，踊出殿前，高声唱言："东方有国，名弗婆提，其中丰乐，快善无比，大王可往游观彼界。"（0440a19）

二、多音节词

释迦牟尼：释迦是他父亲的姓氏，牟尼是尊称，释迦牟尼就是

"释迦家族的圣人"之意，别称"释尊、佛陀"等，也有仁慈、忍让、耐得住寂寞之意。本名悉达多，是伽琵罗卫国太子，其父净饭王，母亲摩诃摩耶，他为追求佛法真理而出家，一生所度弟子无数，致力于佛学事业，创立了佛教，并把它发扬光大，享年八十岁。例证：

（1）汝于来世二阿僧祇九十一劫，当得作佛，名**释迦牟尼**，十号具足。（0371b13）

（2）次第七佛，我**释迦牟尼**，今示汝等因缘本末，观视其虫。（0443c26）

摩诃萨埵：简称"摩诃萨"，是能做大事、行大法、有大善心之人。他是摩诃罗陀王的三儿子，舍弃自己的身体喂饱饿狼，最终慈善之心感动天地，转世修行成佛。萨埵，众生之意，即普度众生的意思。例证：

（1）次名**摩诃萨埵**，此小子者，少小行慈，矜愍一切，犹如赤子。（0352c11）

（2）尔时太子**摩诃萨埵**，岂异人乎？（0353b08）

阿若骄陈如：阿若，是名；骄陈如，是姓。阿若，是知道所有东西之意；骄陈如，是火器之意，也是婆罗门姓氏之一，后被释迦牟尼度化。例证：

（1）尔时世尊，初始得道，度**阿若骄陈如**等，次度郁卑罗迦叶兄弟千人，度人渐广，蒙脱者众。（0359c09）

（2）**阿若骄陈如**，伴党五人，宿有何庆，依何因缘，如来出世，法鼓初震独先得闻，甘露法味特先得尝？（0402a06）

《贤愚经》音译词频次如下：尸毗（5）；阿难（297）；摩诃富那宁（2）摩诃提婆（2）；摩诃萨埵（6）；弥勒（28）；婆修蜜多罗（1）；比丘（327）；特叉尸利（9）；修婆罗提致（1）；摩利（1）；金财（7）；弗波提婆（1）；阿若骄陈如（3）；瞿昙（18）；檀越（23）；优填（9）；屯真陀罗（5）；因陀婆弥（5）；迦毗罗卫（4）；善来比丘（17）；律师跋蹉（5）；须陀罗扇（2）；提婆达多（21）；锯陀（5）；罗汉（87）；弗沙（4）；伽蓝（6）；大目犍连（2）；差摩（20）；罗刹（24）；蓝婆（7）；难陀（12）；释迦牟尼（4）；散阇（10）；阿鼻（6）；毗沙门天（4）；尸利苾提（14）；摩诃斯那（8）；天竺（2）；萨薄（23）；夜叉（27）；须达（59）；毗摩斯那（2）；富迦罗拔（2）；波罗陀跋弥（10）；羡那（41）；放钵（8）；尼提（13）；迦叶（29）；波婆伽梨（22）；瞿夷（2）；祇树给孤独园（39）；波罗摩达（3）；须陀素弥（12）；泪咜（17）；昙摩（16）；鞠提（12）。

第十三章

《贤愚经》三音节词研究

《贤愚经》三音节词数量多，且形式多样。根据语素的数量可以分为单纯三音节词和合成三音节词两类。其中，单纯三音节词多属音译的人名和地名，这里从略，随文简要说明。

第一节　《贤愚经》三音节词的形式特点

《贤愚经》三音节词可以分成三类：第一类是数词三音节略语；第二类是带数词三音节合成词；第三类是其他形式三音节合成词。这些词多数收录到《佛学大辞典》或者《现代汉语词典》里。列举如下：

一、数词略语

三自归：又作"三皈依"，指归依佛、法、僧三宝。例证：时有长者，来至会中，闻其如来广说大法，布施之福、持戒之福，闻已欢喜，信心猛烈，即从彼佛受**三自归**，受不杀戒，复以一钱布施彼佛。（0385c20）

三恶道：即地狱道、饿鬼道、畜生道。地狱道是因极度愤怒、怨恨而造作恶业的人死后接受身心折磨的果报；饿鬼道是贪心不足、不择手段获取利益的人死后饱受饥饿、贫穷和痛苦的果报；畜生道是忘恩负义、寡廉鲜耻的人的果报。例证：阎浮提人，贫穷辛苦，求于财宝供衣食故，杀害欺诳，具造众恶，命终之后，坠**三恶道**。（0407b07）

四真谛：即苦、集、灭、道四谛。苦谛，说明世间是苦果；集谛，说明业与烦恼是苦的根源。灭谛，说明解脱与证果；道谛，说明离苦的道路。例证：佛成道已，梵天劝请转妙法轮，至波罗，鹿野苑中，为拘邻五人，转**四真谛**，漏尽结解，便成沙门，六通具足，四意、七觉、八道悉练，上虚空中，八万诸天得须陀洹，无量天人发无上正真道意。（0418c13）

六欲天：佛教所说诸天，分布于欲界、色界和无色界之中。其中，欲界诸天，主要有四天王天、忉利天、须焰摩天、兜率陀天、化乐天、他化自在天，称为欲界六天，或直接称为"六欲天"。例证：

（1）汝始于此经地，**六欲天**中，宫殿已成。(0420c25)

（2）上下七返，生**六欲天**中，自恣受福，极天之寿，无有中夭。(0437a19)

八解脱：又译作"八惟无""八惟务"，为八种禅修方式的合称，与八胜处、十一切处，合称三法。所谓八解脱者，一谓有色观诸色解脱；二谓内无色想，观外诸色解脱；三谓净解脱身作证具足住解脱；四谓空无边处解脱；五谓识无边处解脱；六谓无所有处解脱；七谓非想非非想处解脱；八谓想受灭身作证具足住解脱。例证：

（1）佛为说法，心意开畅，成罗汉道，三明六通，具**八解脱**。(0355a20)

（2）于是金天在比丘众，金光明比丘尼付大爱道，渐渐教化，悉成罗汉，三明六通具**八解脱**，一切功德，悉皆具足。(0384b21)

二、带数词三音节合成词

第二禅：也作"第二静虑"，为四禅之第二，具有内等净、喜、乐、心四支。于此禅定，远离初禅的寻、伺心理活动，于内心信相明净，故称"内等净"；禅定之故，住于喜与乐之情态，故称"定生喜乐"。又于此禅定之中，可对治初禅之贪、寻、伺、苦、掉举、定下劣性等六种修道之障碍。又于初禅定之时，仍会起语行（寻、伺），而自此禅定以上，则不再有语行。修习第二禅定，可得生于第二禅天之果报，此天有少光、无量光、极光净三天，即少光天，此天天众于二禅天诸天中,光明最少,故称少光;无量光天,此天天众之光明渐次转增,难以测量,故称无量光;极光净天,此天天众之光明胜于上记二天,遍照自地,又以光为语音之故,亦称为光音天。例证:时舍利弗,于其后夜,正身正意,系心在前入于初禅,从初禅起入**第二禅**,从**第二禅**起,入第三禅,从第三禅起,入第四禅。(0388a09)

第四果:指须陀洹果、斯陀含果、阿那含果、阿罗汉果。略称四果。即小乘的四种修行正果,亦即小乘声闻在修行过程中的四种阶段。须陀洹果,意译预流果,即初果,谓去凡夫位入圣道法流,断三界见惑入圣者流类;斯陀含果,意译一来果,即第二果,谓已断欲界思惑九品中之上六品,但还遗留下三品之惑,还要一度往来人中天上修道;阿那含果,意译不还果或不来果,即第三果,谓已断欲界思惑,不需还生欲界;阿罗汉果,意译无学果,即第四果,谓已断三界见思烦恼,究极圣者位,乃小乘中最高境地。例证:

(1)尔时众会,闻佛所说,自生信心,有得初果,乃至**第四果**者,复有发心住不退转。(0359c04)

(2)为说妙法,种种苦切,漏尽结解,成阿罗汉,复为众会广说诸法,分别四谛苦集灭道。有得初果乃至**第四果**,有发大道意者,其数甚多。(0423a19)

第六天:佛教将世界分为欲界、色界、无色界三界,天分为欲界天、色界天和无色界天(空界天)。"欲界"是六道所居,欲界众生有淫欲心。欲界越高,淫欲心越淡,分别是交、抱、握、笑、视。欲界天有六层,亦称"六欲天",其特征主要是有乐、欲。欲界六欲天，从最下层起，依次为四天王天、忉利天、夜摩天、兜率天、化乐天、他化自在天。第六天，即欲界最高的他化自在天，此界不须自己行乐，而爱下天化作，以他人之乐事而自在游戏。例证：

（1）当生第六化应声天。此阎浮提千六百岁，为**第六天**上一日一夜，亦三十日为一月，十二月为一岁，彼**第六天**寿万六千岁。(0437a15)

（2）其狗命终，生**第六天**与魔波旬，共坐一床。(0443a24)

三、其他形式合成三音节词

摩竭鱼：佛教中的一种神鱼，龙首鱼身，其地位类似中国的河神。也作"魔竭大鱼"。例证：

（1）犹如大海多有阿修罗、鼋龟水性、**摩竭鱼**等大众生居(0380a19)

（2）时**摩竭鱼**，闻称佛名，即还闭口，沈窜海底，众贾于是，安隐还国。(0394b06)

金刚山：又作"金刚围山、金刚轮山"。周绕世界之铁围山也。起世经二曰：诸余大山及须弥山王之外，别有一山，名斫迦罗（旧译铁围山）。例证：犹如大海，金刚为底，**金刚山**围，四江大河，流注其中，不增不减。(0380a19)

菩提树：榕族榕属的乔木植物，叶革质，三角状卵形，叶柄纤细，榕果球形至扁球形，花柱纤细，柱头狭窄。2000多年前，传说

203

佛祖释迦牟尼就是在菩提树下修成正果的。在印度，无论印度教、佛教还是耆那教，都将菩提树视为"神圣之树"。例证：

（1）唯我独乘六度宝车，被忍辱铠，于**菩提树**下，坐金刚座，降魔王怨，独得佛道，无与我等。（0377a15）

（2）睹老病死，不乐国位，踰宫出国，六年苦行，**菩提树**下，破十八亿魔，于后夜中，普具佛法，三明六通、十力无畏、十八不共，悉皆满备。（0432c13）

如意珠：也称"摩尼珠、摩尼宝珠"。佛教认为，此珠出自龙王或摩竭鱼脑中，或者是佛舍利所变，它能够满足人的任何希望和要求，所以叫作如意珠。一般用檀香木或者红木、玉石等做成圆形珠子，中间穿圆孔，然后用线串成，作为象征物，也作为佛或者菩萨手持的宝物。例证：

（1）我欲前进至龙王宫求**如意珠**，尽我身命，不得不还。（0406c15）

（2）以五百宝珠，遗与诸王，各令取一，残**如意珠**，而自留之。（0414c19）

鹿野苑：法显《佛国记》记述，波罗㮈城东北十里许，得仙人鹿野苑精舍。此苑本有辟支佛住，常有野鹿栖宿。世尊将成道，诸天于空中唱言：白净王子出家学道，却后七日当成佛。辟支佛闻已，即取泥洹，故名此处为仙人鹿野苑。世尊成道，后人于此处起精舍。例证：

（1）时受梵王请，即便往诣波罗㮈国**鹿野苑**中转于法轮，三宝因是乃现于世。（0352b12）

（2）佛成道已，梵天劝请转妙法轮，至波罗，**鹿野苑**中，为拘邻五人，转四真谛，漏尽结解，便成沙门，六通具足，四意、七觉、八道悉练，上虚空中，八万诸天得须陀洹，无量天人发无上正真道意。(0418c13)

舍卫国：又作"舍婆提国、室罗伐国、尸罗跋提国、舍啰婆悉帝国"，意译"闻物、闻者、无物不有、多有、丰德、好道"。此城多出名人，多产胜物，故称闻物国。本为北骄萨罗国之都城名，为别于南骄萨罗国，故以都城代称。例证：

（1）一时佛在**舍卫国**祇树给孤独园。(0352b20)

（2）**舍卫国**王名波斯匿，与诸臣民，皆来迎佛，(0362a23)

须弥山：本为婆罗门教术语，后为佛教引用。须弥山，又译为"苏迷卢、苏迷卢山、弥楼山"，意思是宝山、妙高山、妙光山。传说须弥山周围有咸海环绕，海上有四大部洲和八小部洲。须弥山由金、银、琉璃、水晶四宝构成，高84000由旬（1由旬约13公里，即110万公里），山顶为帝释天，四面山腰是四天王天。例证：

（1）如**须弥山**劫火所烧，无有遗余，此人亦尔，地狱火烧，无有穷已。(0376b04)

（2）佛之于我，百千万倍，不可为喻，**须弥山**比彼芥子，如大海水方于牛迹，如师子王喻于野干，大小之形，实不相及。(0443a24)

第二节 《贤愚经》三音节词的语义类型

根据语义可将《贤愚经》三音节词分为人名、地名、术语、其他四类。如下:

一、人名

阿罗汉:为小乘佛教修正的最高果位,也叫"罗汉"。阿罗汉有三层意思:一谓杀贼,意即杀掉烦恼之贼。阿罗汉在因地修行灭受想定,把眼识、耳识、鼻识、舌识、身识、意识,即五阴中的受阴与想阴的烦恼,断得干干净净,得到我空真智,证入阿罗汉果,了脱分段生死。二谓无生,是阿罗汉断了见思烦恼,跳出了三界生死轮回苦恼,要经过须陀洹、斯陀含、阿那含三个阶段。须陀洹为初果圣人,还要到天上、人间各七返受生。斯陀含为二果圣人,一生天上,一来人间,进断欲界的后三品思惑。阿那含为三果圣人,虽不来欲界受生,但依然住在色界天中进断七十二品思惑,所以说只有阿罗汉果,才是真正无生。三为应供,就是应当受到天上、人间的供养,因为阿罗汉,既然证得了道果,堪受人天的敬仰,供养礼拜,为众生作大福田。例证:

(1)佛为说法,诸垢永尽,得**阿罗汉**道,其母闻法,得阿那

含。(0352b20)

（2）佛为说法，应适其情，实时开悟，诸欲都净，得**阿罗汉**。(0354b26)

梵天王：色界梵天之王，佛教的护法神。梵天王名尸弃，又称娑婆世界主、世主天。深信正法，每逢佛出世，必最先来请佛转。又常侍佛之右边，手持白拂。例证：

（1）过去久远无量阿僧祇劫，此阎浮提有大国王，名曰**梵天王**，有太子，字昙摩钳，好乐正法，遣使推求，四方周遍，了不能得。(0350c12)

（2）尔时帝释并**梵天王**，各捉一手，而复难之："阎浮提内一切生类，赖太子恩，莫不得所。"(0351a28)

毗婆尸：过去七佛第一尊佛之名。例证：

（1）乃往过去九十一劫时，世有佛名**毗婆尸**，出现于世，政法教化，度脱众生，不可称数。(0358c13)

（2）过去有佛，名**毗婆尸**，出现于世，教化已周，迁神涅槃。(0443c26)

拘留秦：过去七佛第四尊佛之名。例证：

（1）**拘留秦**佛时，亦为世尊，在此地中起立精舍，而是蚁子亦于此中生。(0420c25)

（2）次复有佛，名曰**拘留秦**，亦共徒众，围遶至此坑，垂示诸比丘，说其本末。(0443c26)

辟支佛：辟支迦佛陀的简称，又音译作"钵罗翳迦佛陀、辟支迦佛、辟支"等，指过去曾经种下因缘，进而出生在无佛之世，因性好寂静，或行头陀，无师友教导，而以智慧独自悟道，所以亦称为"独觉、缘觉"。例证：

（1）即诣山泽，专思妙理，精神开悟，成**辟支佛**。（0355c16）

（2）时彼国中，有大长者，财富无量，举家恒共供养一**辟支佛**，身体粗恶形状丑陋，憔悴叵看。（0358a23）

天帝释：忉利天的主人，释迦为姓，天帝释为名，又称帝释天。例证：

（1）时**天帝释**，与欲界诸天，侍卫其左。（0433c21）

（2）时**天帝释**，复持宝冠，来为着之，然后称扬。（0439c04）

舍利弗：佛祖十位大弟子之一，以聪慧著名。例证：

（1）时**舍利弗**闻于世尊当般涅槃，深怀叹感，因而说曰："如来涅槃，一何疾耶？世间眼灭，永失恃怙。"（0387c10）

（2）时**舍利弗**重白佛言："不审过去奉事于佛，善知时宜，其事云何？"（0405a01）

骄陈如：也作"拘邻"，是尊者之姓，是佛祖初传弟子。例证：

（1）尔时世尊，初始得道，度阿若**骄陈如**等，次度郁卑罗迦叶兄弟千人，度人渐广，蒙脱者众。（0359c09）

（2）时**骄陈如**，寻即说言："假使有人，得百车珍宝，计其福利，不如请一净戒沙门就舍供养得利弘多。"（0434b16）

阿那律：是佛祖十位大弟子之一。例证：

（1）时**阿那律**复自说言："正令得满四天下宝，其利犹复不如请一清净沙门诣舍供养得利殊倍。"（0434b28）

（2）时**阿那律**，说是语已，于时世尊，从外来入，闻**阿那律**说

过去事，告诸比丘。(0435c11)

优婆塞：指在家信佛、行佛道并受了三皈依的男子，意译"清信士、近事男、近善男"等。受了三皈依及五戒并戒行圆满的人，称为满分优婆塞。例证：

（1）时**优婆塞**，是日忽忽，忘不送食。(0380c25)

（2）时**优婆塞**，以一千金钱置铜盘上，载至王宫，(0381c14)

优婆夷：指在家信佛、行佛道并受了三皈依的女子。例证：

（1）**优婆夷**言："我又更有奇特之事。"(0374c14)

（2）是舍卫国**优婆夷**婢，彼**优婆夷**，请一清净持戒比丘，夏九十日，奉给供养，于自陌头，起房安止，自办种种香美饮食。(0378c23)

阿阇梨：又作"阿舍梨、阿阇梨、阿只利、阿遮利耶"，略称阇梨，意译为"轨范师、正行、悦众、应可行、应供养、教授、智贤、传授"，指教授弟子，使之行为端正合宜，而自身又堪为弟子楷模之师，故又称导师。阿阇梨包括五种：一为出家阿阇梨，受戒时之授十戒师，故又作十戒阿阇梨；二为受戒阿阇梨，受具足戒时之羯磨师，故又作羯磨阿阇梨；三为教授阿阇梨，受具足戒时之授威仪师，故又作威仪阿阇梨；四为受经阿阇梨，教授经典读法、意义之师；五为依止阿阇梨，与比丘共居，指导比丘起居之师；或比丘仅依止从学一宿之师，亦可称依止阿阇梨。以上五种加上剃发阿阇梨，则为六种阿阇梨。例证：我今不舍佛法众僧，不舍和上**阿阇梨**，亦不舍戒，正为持戒，舍此身命。(0381a19)

二、地名

阎浮提：又作"阎浮利、赡部提、阎浮提鞞波"，阎浮，树名；提，洲。梵汉兼译，则作"剡浮洲、阎浮洲、赡部洲、谵浮洲"，略称阎浮，旧译"秽洲、秽树城"，盛产阎浮树之国土，又出产阎浮檀金，故又有"胜金洲、好金土"之译名。例证：

（1）往昔无量不可思议阿僧祇劫，此**阎浮提**，有国名波罗奈。（0416b23）

（2）此**阎浮提**百岁，为忉利天上一日一夜，亦三十日为一月，十二月为一岁，彼忉利天寿千岁。（0437a01）

僧伽蓝：僧人所住之处，即中国佛教的寺院。《十诵律·比丘诵》："地法者，佛听受地，为僧伽蓝故，听僧起坊舍故。"例证：

（1）一时佛在迦毗罗卫国尼拘卢陀**僧伽蓝**。（0421c23）

（2）王大欢喜，不觉下礼，礼毕问讯，与共还国，住尼拘卢陀**僧伽蓝**。（0433c21）

兜率天：指天的第四层。佛教将天分成很多层，兜率天就是天的第四层。例证：

（1）当生第四**兜率天**上。此阎浮提四百岁，为彼天上一日一夜，亦三十日为一月，十二月为一岁，彼兜率天寿四千岁。（0437a08）

（2）时有一塔，中有菩萨本从**兜率天**所乘象来下，入母胎时像。（0432a21）

忉利天：即三十三天，是六欲天中的一个，即我们一般所说的天堂。例证：

（1）当生第二**忉利天**上。(0437a01)

（2）狱卒瞋恚，以棒打之，应时即死，生**忉利天**。(0439b11)

须弥山：用在古印度神话里，之后佛教引用，指一个小世界的中心。例证：

（1）如**须弥山**劫火所烧，无有遗余，此人亦尔，地狱火烧，无有穷已。(0376b04)

（2）时有五百仙人，住在**须弥山**腹，王之象马屎尿下落，污仙人身。(0440b07)

王舍城：有两种说法：一个说法为地名，指古印度的曷罗阇姞利呬城，传说其西南面的佛陀迦雅是释迦牟尼得道的地方；另一个说法指佛国和佛寺。例证：

（1）一时佛在**王舍城**竹园之中，与千二百五十比丘俱。(0360c15)

（2）尔时世尊，在**王舍城**迦兰陀竹园。(0376c13)

三、术语类

过去世：佛教把时间过程划分为过去世、现在世、未来世，合称"三世"。过去世为三世之一。例证：

（1）**过去世**时，与六师斗夺其徒众，其事云何？愿具说示。(0364b07)

（2）吾与其眼，不但今日，**过去世**时，亦复与眼。（0390c19）

阿僧祇：又作"阿僧伽、阿僧企耶、阿僧、僧只"，是佛教中表示时间的概念，相当于 10 的 140 次方年，指无量数或极大数之意。于印度六十种数目单位中，阿僧祇为第五十二数。例证：过去久远，不可称计**阿僧祇**劫，有二罪人，共在地狱，卒驱之使挽铁车，剥取其皮，用作车鞅，复以铁棒，打令奔走，东西驰骋，无有休息。（0439b11）

金刚杵：音译为"伐折罗、缚日啰、伐折啰、跋折啰、伐阇啰"，又叫"宝杵、降魔杵"等。原为古代印度兵器，由于质地坚固，能击破各种物质，故称"金刚杵"。佛教密宗中，金刚杵象征着所向无敌、无坚不摧的智慧和真如佛性，它可以断除各种烦恼、摧毁形形色色障碍修道的恶魔，为密教诸尊之持物或瑜伽士修道之法器。例证：

（1）应时即有五大神鬼，摧灭挽拽，六师高座，金刚密迹捉**金刚杵**，杵头出火，举拟六师，六师惊怖奔突而走，惭此重辱，投河而死。（0363a01）

（2）时舍利弗，即便化作金刚力士，以**金刚杵**，遥用指之，山即破坏，无有遗余。（0420b04）

戒定慧：合称"三学"，即三项训练。修戒，即完善道德品行；修定，即致力于内心平静；修慧，即培育智慧。戒定慧三学是次第关系，先要完善自己的品德；有了品德，就应尝试让自己的心平静；内心平静了，才能进一步提升智慧。例证：

（1）后成佛时，当以法身**戒定慧**血，除汝三毒诸欲饥渴，安置

涅槃安隐之处。(0360b20)

(2) 此舍利弗，虽复灭度，其**戒定慧**解脱解脱知见，如是法身，亦不灭也。(0388b01)

修多罗：有五义：一为"涌泉"，像泉水一样往外涌，指讲授佛经义趣无穷，很有摄受力，愈读愈有味道；二为"出生"，能生出一切微妙善法，指读佛经之后，心善、行善，将性德引发出来；三为"绳墨"，就是标准，是真妄、邪正、是非、善恶、利害之标准；四为"显示"，指能显示真理；五为"结鬘"，是贯穿诸法，结构严整，思想体系清楚明了。例证：

(1) 听人出家，若自出家，功德最大，以出家人，以**修多罗**为水，洗结使之垢，能灭除生死之苦，为涅盘之因。(0376b04)

(2) 此人前世，已种得度因缘，以吞法钩，如鱼吞钩，必出不疑，已曾修集诸善功德，昼夜精勤，修习读诵**修多罗**、毗尼、阿毗昙，广通经藏。(0377b20)

善知识：指能教育众生，让他们远离恶法并尽心去修行善法。与之相对的是"**恶知识**"，指为人险恶、居心不良、缺乏道德、教导邪道之坏人，即为恶缘，又作恶友、恶师、恶师友、恶亲友。例证：

(1) 近**善知识**则增善法，近**恶知识**便起恶法。(0380c04)

(2) 我今已得遇**善知识**，云何今日当造恶法？(0381a19)

金刚座：指释迦牟尼成佛之座。例证：唯我独乘六度宝车，被忍辱铠，于菩提树下，坐**金刚座**，降魔王怨，独得佛道，无与我等。(0377a15)

《贤愚经》三音节词频次：阿僧祇（49）；阿罗汉（63）；阿那含（28）；阿阇世（4）；阿阇梨（1）；阿毗昙（3）；阿鼻狱（2）；阿输迦（2）；阿那律（8）；阿蓝婆（4）；阿梨蜜（2）；阿梨提（1）；阿阇贳（2）；阿泪咤（15）；阿侍多（1）；波罗捺（30）；比丘尼（26）；钵头摩（1）；八解脱（3）；八关斋（5）；不退地（13）；波阇罗（1）；波斯匿（33）；波塞奇（14）；波婆梨（23）；宾祈奇（1）；忉利天（13）；兜率天（1）；第三果（1）；第三禅（3）；第二禅（2）；第四禅（2）；第六天（3）；大道心（5）；大爱道（3）；大光明（18）；定光佛（2）；恶知识（1）；梵天王（6）；梵摩达（7）；富兰那（1）；法眼净（8）；弗沙佛（2）；弗婆提（1）；分那奇（3）分陀利（1）；过去世（34）；给孤独（41）；恒伽达（7）；恒河沙（2）；如意珠（9）；劫宾宁（7）；骄陈如（15）；骄昙弥（2）；金刚杵（5）；金刚座（1）；金刚山（1）；戒定慧（4）；金毗罗（1）；拘睒弥（4）；拘物头（1）；拘留秦（2）；拘萨罗（2）；迦旃延（11）；迦楼罗（1）；迦叶佛（13）；迦毗梨（15）；金轮宝（2）；金光明（5）；金刚聚（3）；机里毗（1）；空处定（1）；鹿野苑（3）；六欲天（4）；劳度差（24）；劳陀达（6）；罗悦祇（1）；罗睺罗（3）；目犍连（6）；摩尼珠（3）；摩诃男（3）；摩摩帝（5）；摩竭国（5）；摩竭鱼（7）；妙色王（1）；尼楼陀（1）；婆罗门（171）；辟支佛（64）；毗婆尸（44）；毗钵尸（1）；毗舍离（21）；毗沙门（12）；菩提树（2）；毗纽干（2）；毗摩羡（4）；颇梨山（1）；清净心（1）；耆阇崛（6）；瞿耶尼（1）；瞿迦利（1）；瞿萨离（1）；婆世踬

(5)；沙门果（1）；舍利弗（110）；舍卫国（67）；斯陀含（21）；四空定（1）；四非常（2）；四神足（5）；四真谛（1）；四王天（3）；僧伽蓝（6）；善知识（2）；三自归（2）；三恶道（1）；尸弃佛（2）；散陀宁（1）；散檀宁（2）；赊律提（1）；尸利踬（1）；天帝释（14）；提婆达（22）；天竺国（1）；獭利咤（1）；檀腻羁（22）；檀弥离（7）；檀腻伽（1）；陀腻羁（2）；昙摩羡（1）；昙摩钳（3）；王舍城（22）；无上心（4）；未来世（1）；文陀竭（1）；现世报（1）；修多罗（2）；修昙摩（1）；修楼婆（1）；须陀洹（39）；须阇提（4）；须摩檀（1）；须弥山（3）；须提罗（5）；阎浮提（95）；焰摩天（2）；阅头檀（1）；优婆塞（13）；优婆夷（21）；优波离（3）；优钵罗（1）；优陀耶（4）；郁多越（1）；耶贳羁（7）；耶世羁（1）；旃陀罗（1）；转轮王（13）。

第十四章

《贤愚经》成语研究

第一节 《贤愚经》成语来源及意义分析

一、源于佛教讲经术语或套语

皆大欢喜：指每个人都能得其所欲，大家都开心欢喜，高兴满意。用于评价讲经说法的效果，常常在佛经结束时候出现。例证：

（1）闻佛所说，**皆大欢喜**，顶戴奉行。（0355a18）

（2）尔时会众，闻佛所说，**皆大欢喜**。（0371b04）

莫不欢喜：同"皆大欢喜"，没有人不高兴，人人都欢喜满意。例证：

（1）众会所说，**莫不欢喜**，顶戴奉行。（0368c04）

（2）得道众者，**莫不欢喜**，顶戴奉行。(0383c27)

如是我闻：佛经内容便是如斯，我所听到的讲法便是如许。后来，用作佛经开卷之语。佛教创始人释迦牟尼涅槃以后，他的许多弟子对于究竟谁真正掌握了佛法都持有不同意见。当迦叶佛让阿难去集结佛所讲经藏时，其他弟子都不相信他。阿难为了取信其他弟子，就把释迦牟尼以前所讲的佛法原原本本讲了出来，并用到了"如是所闻"这个成语。此后，"如是我闻"便作为佛经开头语一直使用，有些高僧在宣扬佛法时，也会先说"如是我闻"，然后再开始宣讲佛法内容。该词在文中出现 68 次之多，几乎每卷佛经卷首都有出现。例证：

（1）**如是我闻**：一时佛在罗阅祇竹园精舍。(0355a20)

（2）**如是我闻**：一时佛在舍卫国祇树给孤独园。(0357b11)

二、源于佛教义理

大千世界：是三千大千世界的简称，由佛教观念演化而来。现代汉语泛指广阔无边的人间。关于空间，佛教有"三千世界"之称。佛家认为，佛所教化的地域特别广阔，总共有三个"一千"世界。其中以须弥山（佛教圣地）为中心，外面还有七山八海围绕，并以铁围山为外郭，此范围之内是一个小世界，也称一个小天下。将一千个小天下合并在一起，即是小千天下。将一千个小千天下合并在一起，即是中千天下。将一千个中千天下合并在一起，即是大千天下。把三者加在一起，即是"三千大千世界"，简称"三千世

界"或"大千世界"。例证:

(1) 普照三千**大千世界**,五道众生,莫不蒙赖。(0398c02)

(2) 世尊到国,至广博处,放大光明,遍照三千**大千世界**。(0421a28)

大慈大悲:指佛祖、菩萨对人间众生广大无边的慈悲之心,后用以形容人非常慈善的心肠。现代汉语继承了后起之义。例证:**大慈大悲**,劝发开导。(0362c09)

生老病死:这是佛教教义的核心成语。佛家历来认为生命循环轮回,每个人的一生都要经历一个渐进的过程。其中,每个过程中都需要别人的帮助和照料,佛家称之"四苦",也称"四相",即出生、衰老、疾病、死亡的痛苦煎熬。"苦"是佛教哲学的核心概念,随着佛教传播,"苦"的概念深入人心,"生老病死"就成为现代汉语的常用成语,指降生,养老,医疗,葬礼等一系列过程。例证:

(1) **生老病死**别离,县官之恼。(0367a21)

(2) **生老病死**,轮转无际。(0367a21)

功德无量:形容做善行善事特别多,指佛祖、菩萨普度众生的功劳、恩德多得说不尽。无量,即无法计算。现代汉语承用,用来称赞人的功劳、恩德或者做了非常有利于别人的事情。例证:

(1) **功德无量**,救护众生。(0355a20)

(2) 出家入道者,**功德无量**。(0376b04)

功德满具:也作"功德圆满",指法会已顺利完成,或者所做善事完满结束。现代汉语用来比喻工作或事业圆满结束。例证:若

成佛道,**功德满具**。(0389b18)

三、源于佛教礼节

五体投地:又称"稽首""磕头""叩头",指两只手、两腿膝盖和脑袋一块儿着地,表示对某人佩服到极点的意思。本是古代礼节的一种,根据《周礼》所载"九拜"可知,"稽首"是其中之一,行礼时需要五体同时着地,表示对某人极为尊重。后来,佛教继承这一礼节,在朝拜佛祖的时候,要于佛足前下方五体投地。直至今天,人们在进香朝拜时,焚香之后仍然要跪在蒲团之上朝佛祖五体投地。具体行礼步骤为:先合掌正立于佛祖前,然后双膝跪地,再以两肘做支撑,双手掌心向下放于地上,最后以头叩地。礼毕后,应先起头,次肘,次膝。例证:

(1)**五体投地**,为佛作礼。(0377a15)

(2)**五体投地**,求哀脱命。(0420b04)

四、源于佛法领悟

勇猛精进:也作"精进勇猛",佛教用语,指努力实践,勤奋修行,也指刻苦钻研,奋力前进。现代汉语承用,指尽力摸索,英勇大胆向前进。例证:

(1)今者**勇猛精进**,不惮苦痛,为于法故,欲何所求?(0350b24)

（2）**精进勇猛**，勤修不息。（0371b13）

心心相知：指佛教禅宗传递，强调不使用语言文字，而是直接用心去相互印证，达到顿悟境界。例证：佛于是日，普令大会一切众生，**心心相知**，各各一人知一切心，所念善恶，志趣业行。（0362c21）

不可思议：佛家认为，理之玄妙，事之稀奇，不可以用心思之，不可以用言议之，即佛法玄妙，不能用普通语言文字去思考，去说解，是人的思维和言语所不能够企及的境界。现代汉语承用，形容事物或者情况的发展变化让人无法想象或者难以理解。例证：

（1）过去久远，无量无数**不可思议**阿僧祇劫，此阎浮提，有一大城，名富迦罗拔。（0390c22）

（2）世尊出世，实复奇特，所为善事，**不可思议**。（0393b03）

五、源于民间生活

喜不自胜：指格外喜爱，没有办法控制，形容非常高兴。胜，指能承受。禅宗原本是印度佛教和中国本土文化相结合的产物，加上佛家传教需要，译者在译介佛经时使用的语言大多要求通俗易懂，便于经文在传播扩散过程中，尽量与百姓生活相融合。因此，许多极具口语色彩的日常用语就被引用到了佛经之中。"喜不自胜"即是如此。例证：

（1）**喜不自胜**，躬自出迎。（0349a07）

（2）未曾所睹，**喜不自胜**。（0414a25）

风时雨顺：指风雨及时而又雨量适宜，适合农时，也可喻指天下太平安宁。现代汉语作"风调雨顺"。例证：王有慈悲，愍念一切，养育民物，犹如慈父，化导以善，民从其度，**风时雨顺**，四气和适，其国丰乐，群生蒙赖。（0390c22）

悲喜交集：悲伤和欢喜的情绪纠结于一起。现代汉语承用，形容人又高兴又难过，心情激动的样子。例证：

（1）尔时阿难，及四部众，闻佛所说，**悲喜交集**，咸自劝励，顶戴奉行。（0417a05）

（2）尔时国王，闻是语已，**悲喜交集**，信心益猛，即召诸臣耆旧智人，令解是义。（0438b14）

和颜悦色：也作"颜色和悦"，指神色看起来和善而高兴，形容人和善可亲。颜，面容；悦，愉快；色，脸色。例证：

（1）每从外来，**和颜悦色**，以慰父意。（0353b24）

（2）**颜色和悦**，举手上向。（0378a28）

默然无言：指不声不响，缄口藏舌。例证：

（1）尔时众会，**默然无言**。（0350a19）

（2）闻王语已，**默然无言**。（0389b18）

异口同音：指不一样的人说一样的话，发出相同的声音。例证：

（1）长跪合掌，**异口同音**。（0350c16）

（2）**异口同音**，咸共太息。（0390b08）

聪明智慧：形容人智力高于凡人，心思非常灵敏。例证：**聪明智慧**，闻我端正。（0367a21）

千乘万骑：形容车和马都很多，气吞山河。例证：**千乘万骑**，导从前后。（0405b02）

情不自释：指兴奋的感觉完全无法控制，指某种情感已完全占据主导地位。现代汉语用作"情不自禁"。例证：念此不悦，**情不自释**，便舍豪姓。（0354b13）

泪如盛雨：眼泪像雨一直流下来，比喻悲伤或害怕极了。例证：

（1）同时号哭，**泪如盛雨**。（0351a28）

（2）各共啼哭，**泪如盛雨**。（0351c26）

不能自持：指没有办法控制自己，陷入某种痛苦或错误中无法解脱，或者是情绪激动，无法平静下来。例证：

（1）今观王身，**不能自持**。（0350b24）

（2）迷闷茫塞，**不能自持**，其诸弟子，展转相告。（0387b09）

不可具陈：指没有办法一一列出来，形容数目或种类繁多。例证：

（1）人民忧乐，**不可具陈**。（0403c03）

（2）大鱼恶鬼，如此种种，**不可具陈**。（0422a26）

衣不蔽形：指衣裳特别破旧，连身体都不能遮盖起来，形容生活条件很差。例证：**衣不蔽形**，食不充体，年老困悴，思死不得。（0384a01）

食不充体：指食物极少，不能满足肠胃需求，形容非常困难和艰辛的生活。例证：衣不蔽形，**食不充体**，年老困悴，思死不得。（0384a01）

寝不安席：指躺在床上无法睡眠，形容人心思重，心中事情

多，无法入睡。例证：心怀嫉妒，**寝不安席**。(0388c16)

防虑未然：指灾害或者事故还没有发生之前就做好了准备，义同"防患于祸然"。例证：国有忠贤，不往咨禀，则不**防虑未然**之事。(0391a18)

第二节 《贤愚经》成语结构分析

一、并列结构

风时雨顺："风时"和"雨顺"是两个主谓合成词，属并列结构，一般用于句中主要充当谓语、定语、宾语，含褒义。例证：王有慈悲，愍念一切，养育民物，犹如慈父，化导以善，民从其度，**风时雨顺**，四气和适，其国丰乐，群生蒙赖。(0390c22)

大慈大悲："大慈"和"大悲"是两个偏正合成词，属并列结构，一般用于句中主要充当谓语、定语，偶然用于嘲讽。例证：水流有声，其声清妙，皆说诸法，五根五力、七觉八道、三明六通、六度四等，**大慈大悲**，劝发开导，说种种法，一切闻觌，心皆开解，发心求佛，得果生天，增积福慧，数甚众多。(0362c09)

生老病死：由四个单音节名词并列，概括了一般人一生中所要经历的生命历程。一般用于句中主要充当主语、宾语、定语，多用来形容人。例证：夫乐家者，贪于合会，恩爱荣乐因缘，**生老病死**离别，县官之恼，转相哭恋，伤坏心肝，绝而复苏。(0367a21)

和颜悦色："和颜"和"悦色"是两个偏正合成词，属并列结构，一般用于句中主要充当状语，含褒义。例证：此臣有父，年老耆旧，每从外来，**和颜悦色**，以慰父意。(0353b24)

千乘万骑："千乘"和"万骑"是两个偏正合成词，属并列结构，一般用于句中主要充当主语、宾语、定语。例证：

（1）施设办已，大施于是乘大白象，七宝校饰，搥钟鸣鼓，作倡伎乐，**千乘万骑**，导从前后，行大御道，往诣城门。(0405b02)

（2）乘大白象，金银校饰，**千乘万骑**，导从前后。(0410c11)

勇猛精进：一般用于句中主要充当定语。例证：今者**勇猛精进**，不惮苦痛，为于法故，欲何所求？(0350b24)

二、偏正结构

皆大欢喜："皆大"修饰"欢喜"，一般用于句中主要充当谓语、宾语、定语。例证：

（1）时诸会者，闻佛所说，**皆大欢喜**，顶戴奉行。(0355a18)

（2）咸共专修，有得四道果者，有发无上正真道意者，**皆大欢喜**，敬戴奉行。(0390b08)

不能自持："不能"修饰"自持"，一般用于句中主要充当谓语、定语，含贬义。例证：

（1）今观王身，**不能自持**，言无悔恨，以何为证？(0350b24)

（2）阿难闻此悲恸迷荒，闷恼惆塞，**不能自持**，其诸弟子，展转相语，各怀悲悼，来至佛所。（0387b09）

不可思议："不可"修饰"思议"，一般用于句中主要充当谓语、定语、补语。例证：

（1）世尊出世，实复奇特，所为善事，**不可思议**。（0393b03）

（2）过去久远，无量无边**不可思议**阿僧祇劫，此阎浮提，有大国王，名摩诃波罗婆修，晋言大光明，主五百小国。（0421b28）

不可具陈：同上。例证：

（1）地狱之中，火烧汤煮、斧锯刀戟、灰河剑树，一日之中，丧身难计，痛彻心髓，**不可具陈**。（0350c16）

（2）大海之中，艰险众多，回波暴风，大鱼恶鬼，如是种种，**不可具陈**。（0422a26）

大千世界："大千"修饰"世界"，一般用于句中主要充当主语。例证：

（1）七宝具足，奋演光明，普照三千**大千世界**，五道众生，莫不蒙赖。（0398c02）

（2）世尊到国，至广博处，放大光明，遍照三千**大千世界**，足指按地，地皆震动，城中伎乐，不鼓自鸣。（0421a28）

三、动宾结构

防虑未然："防虑"支配"未然"，一般用于句中主要充当谓语、宾语、定语。例证：国有忠贤，不往咨禀，则不**防虑未然**之

事。(0391a18)

随其所欲:"随"支配"所欲",一般用于句中主要充当谓语、宾语、状语。例证:谁有正法,为我说者,**随其所欲**,悉当供给。(0351b12)

四、主谓结构

功德无量:"功德"是陈述对象,"无量"是陈述语,一般用于句中主要充当谓语、定语。例证:

(1)时此辅相,往诣祠所,而祷之言:"我无子息,承闻天神,**功德无量**,救护群生,能与其愿,今故自归。"(0355a20)

(2)若放男女,若放奴婢,若听人民,若自己身,出家入道者,**功德无量**。(0376b04)

心心相知:"心"是陈述对象,"知"是陈述语,一般用于句中主要充当谓语、宾语、状语。例证:佛于是日,普令大会一切众生,**心心相知**,各各一人知一切心,所念善恶,志趣业行。(0362c21)

泪如盛雨:"泪"是陈述对象,"如盛雨"是陈述语,一般用于句中主要充当谓语、定语、状语。例证:

(1)见于菩萨困苦为法伤坏其身,同时啼哭,**泪如盛雨**,又雨天花而以供养。(0350b24)

(2)各赍花香供养之具来至其所,侧塞虚空,咸各悲叫,**泪如盛雨**,普散诸花,积至于膝。(0388a09)

衣不盖（蔽）形："衣"是陈述对象，"蔽形"是陈述语，一般用于句中主要充当谓语、定语、状语。例证：今者我身贫困极甚，坐卧草蓐，**衣不盖形**，家无升斗，何其苦耶？（0384c28）

食不充体：同上，一般用于句中主要充当谓语、定语、状语。例证：时有一婢，晨夜走使，不得宁处，小有违失，便受鞭捶，衣不蔽形，**食不充体**，年老困悴，思死不得。（0384a01）

寝不安席："寝"是陈述对象，"安席"是陈述语，一般用于句中主要充当谓语、定语。例证：闻月光王美称高大，心怀嫉妒，**寝不安席**，即自思惟："月光不除，我名不出。"（0388c16）

五体投地："五体"是陈述对象，"投地"是陈述语，一般用于句中主要充当谓语、定语、补语。例证：

（1）尔时长者，闻佛梵音，心怀喜踊，如子见父，**五体投地**，为佛作礼。（0377a15）

（2）年少闻已，毛衣皆竖，**五体投地**，求哀忏悔。（0430b14）

悲喜交集："悲喜"是陈述对象，"交集"是陈述语，一般用于句中主要充当谓语、定语。例证：

（1）尔时阿难，及四部众，闻佛所说，**悲喜交集**，咸自劝励，顶戴奉行。（0417a05）

（2）尔时国王，闻是语已，**悲喜交集**，信心益猛，即召诸臣耆旧智人，令解是义。（0438b14）

通过以上成语的来源和意义分析，我们可以看到，佛教文化已经与中国文化达到了水乳交融的境界。一方面，佛教成语已然渗透到中国文化的各个层面，我们日常生活中所说的"皆大欢喜""五体投地""不可思议""大千世界""生老病死"等源于佛教成语，而且这些佛教成语传承到现代汉语，虽然意义或多或少发生了变化，但是它们极大地丰富了汉语词汇。另一方面，在佛教传播过程中，也汲取了大量汉语固有的成语，例如"喜不自胜""和颜悦色""悲喜交集""寝不安席""异口同音"等，这些成语或出自经史子集，或出自古典名著，或出自百姓口语。

《贤愚经》成语频次如下：皆大欢喜（4）；勇猛精进（2）；莫不欢喜（12）；随其所欲（1）；心心相知（1）；不可思议（12）；功德无量（2）；生老病死（2）；如是我闻（68）；五体投地（6）；大慈大悲（2）；喜不自胜（10）；大千世界（2）；和颜悦色（1）；异口同音（8）；不能自胜（8）；悉来云集（1）；还复如故（1）；泪如盛雨（2）；情不自释（1）；泪如盛雨（4）；不能自持（2）；筋骨相连（1）；不可具陈（3）；颜色和悦（1）；拔富济贫（1）；衣不蔽形（1）；食不充体（1）；寝不安席（1）；风时雨顺（2）；悲喜交集（3）；防虑未然（1）；于事无益（1）；默然无言（3）；悉皆云集（1）；莫不得所（1）；欢喜踊跃（18）；自责其心（1）；自责罪咎（1）；痛彻骨髓（1）；身心清净（1）；悔过自责（2）；随心所慕（1）；悉得其愿（1）；奋其神力（1）；不可称数（6）；不可称计（10）；随病投药（2）；不自度量（1）；骄慢自大（1）；珍奇异妙（1）；功德满具（2）；悲泪如雨（1）；须臾之间（1）；勤谨不懈（1）；富敌王家（1）；搔扰不宁（1）；专注致意（1）；聪明智慧（1）；冬温夏凉（1）；千乘万骑（2）；靡所不通（1）；转侧不安（1）；霍然情悟（1）。

第十五章

《贤愚经》同素异序词研究

同素异序词在《贤愚经》里共出现56组,分布特征非常明显。

第一节 《贤愚经》同素异序词的类型

一、同素异序名词

同素异序名词共有18组,列举如下:

圣贤－贤圣:义为"指德才兼备超越常人之辈"。例证:

(1) 此诸**圣贤**大德之众,威神巍巍众相具足,为从何方而来至此?(0386b01)

(2) 一切诸佛,及众**贤圣**,天人品类,受福多少,皆由于法种其善因,致使其后各获妙果。(0437a26)

树林－林树：义为"指成片生长的树木"。例证：

（1）复勅作宫，方四十里，宫城街陌，楼观舍宅，**树林**浴池，悉是四宝严净显妙，略如天上。(0365b02)

（2）尔时于**林树**间，有一比丘，坐禅行道，食后经行，因尔诵经，音声清雅，妙好无比。(0437b02)

事情－情事：义为"人类社会生活中的一切活动和所遇到的一切社会现象"。例证：

（1）王今加害，复不能伤，**事情**如是，何酷之甚！(0355a20)

（2）克诚积报经十二年，其大夫人便觉有娠，聪明女人，能得知此，自知所怀，必是男儿，即以**情事**白婆罗门。(0405a04)

珠宝－宝珠：义为"珍珠，宝石"。例证：

（1）因其卧寐，阴杀其兄，取其**珠宝**，归语父王言，其兄没海，于是乃当异爱念我。(0412c06)

（2）以五百**宝珠**，遗与诸王，各令取一，残如意珠，而自留之。(0414c19)

子弟－弟子：义为"年轻的后辈，泛指子侄辈"。例证：

（1）彼国王儿，发遣**子弟**、车乘众物，先归本国，唯留一象及己在后，往至祇洹，搏苏曼女，累骑而去。(0440c17)

（2）一时佛在舍卫国祇树给孤独园，与尊**弟子**千二百五十人俱。(0358b21)

势力－力势：义为"政治、军事、经济等方面的力量"。例证：

（1）我为天王，天耳远闻，称我名者，我悉闻之，以称我故，增我**势力**，威德眷属。(0373a25)

（2）今我**力势**，能总威摄一切天下，何缘诸王不来承贡？（0398a19）

众人－人众：义为"大家"。例证：

（1）是时**众人**见王意正，啼哭懊恼自投于地。（0349b24）

（2）仙人忿恨，便结神咒，令顶生王及其**人众**，悉住不转。（0440b07）

远近－近远：义为"远处和近处"。例证：

（1）兴发如是谦卑之言，为**远近**耶？（0369a21）

（2）佛今**近远**，为可见不？（0440c17）

貌状－状貌：义为"面貌"。例证：

（1）王即遣使，往告求婚，指其一兄**貌状**示之，言为此儿，求索卿女。（0364c16）

（2）汝不须言，汝夫**状貌**，正似株杌，若汝昼见，足使汝惊。（0364c16）

庶民－民庶：义为"平民，百姓"。例证：

（1）国中**庶民**见其家内财宝饶多，各各慕及，乐为营从，来至其家，承给使令。（0370c15）

（2）普见临覆我及国人，悉愿降附，令诸**民庶**悉蒙恩泽。（0403c12）

容颜－颜容：义为"面容"。例证：

（1）有一婆罗门，来至佛所，为佛作礼，睹佛**容颜**光相殊特，见佛身衣有少破坏，心存惠施，割省家中。（0438c25）

（2）儿年转大，往至佛所，见佛**颜容**相好无比，见已欢喜。

(0359a02)

二、同素异序动词

同素异序动词共30组，列举如下：

使令－令使：义为"命令"。例证：

（1）我有一子，字曰均提，年既孩幼，不任**使令**。（0444b19）

（2）时彼家中，常**令使**人入林取薪。（0373c21）

言语－语言：义为"说话"。例证：

（1）是时国中有大长者，生一男儿，面首端政，既生数日，复能**言语**。（0354a23）

（2）老母**语言**："斯是尊塔，功德弥弘，是以修补，欲望善果。"（0441b10）

来往－往来：义为"来和去"。例证：

（1）尔时目连，于此骨山一大胁上，**来往**经行，弟子随行。（0378a28）

（2）往造居士，与共相识，数数**往来**。（0442b28）

调和－和调：义为"配合得当"。例证：

（1）时弗沙佛，**调和**众彩，手自为画，以为模法，画立一像。（0368c25）

（2）如语着水，**和调**已竟，奉授世尊。（0430a04）

诵读－读诵：义为"朗读"。例证：

（1）门前有树，二鸟闻法，喜悦诵习，飞向树上，次第上下，

经由七返，**诵读**所受四谛妙法。(0436c18)

（2）是时中夜，于高屋上，思佛功德，**读诵**《法句》。(0373a25)

恐惧－惧恐：义为"非常害怕"。例证：

（1）其人**恐惧**，往至其所。(0369b04)

（2）他国兵强，我国仵弱，惜一河水，今致此败。如是不久，**惧恐**失国。(0402c19)

识别－别识：义为"辨别，辨认"。例证：

（1）我能**识别**人之语声，若实是佛，当有梵音，汝可将我往至其所，当试听之，审是佛不？(0390b16)

（2）此婆罗门，而有一术，众生之中，有八种声，悉能**别识**，知其相禄。(0390b16)

救济－济救：义为"用金钱或物资帮助别人"。例证：

（1）世尊昔日为法尚尔，云何今欲便舍众生早入涅槃而不**救济**？(0349b18)

（2）过去世时，慈孝父母，不惜身命，能以身肉，**济救**父母危崄之命，其事云何？(0356b03)

破坏－坏破：义为"损坏"。例证：

（1）婢及以余人，若人盗佛灯明及直，或盗僧祇灯烛薪草，若**破坏**拨撤僧祇房舍讲堂，若冬寒时，剥脱人衣，若以力势，以冰寒时，水灌奴若抄掠时，剥人衣裳，如是罪报，应堕寒冰地狱。(0378a28)

（2）七宝塔者，贪恶愚人，能坏**破**故。(0376b04)

贡献－献贡：义为"拿出物资、力量、经验等献给国家或公众"。例证：

（1）八万四千诸小国王，悉遥敬慕，瞻仰所在，四远**贡献**，遣使咨承，略而言之，如奉大王。（0405a04）

（2）国内财物，供佛及僧，无有遗余可以**献贡**。（0436a08）

请求－求请：义为"请示，要求"。例证：

（1）即往其所，**请求**改悔。（0386b29）

（2）如是致诚，殷勤**求请**，其意不忍，遂与还国。（0427a07）

授与－与授：义为"给予"。例证：

（1）其先祖是转轮王，即遣多人，往取昇来，而**授与**之。（0364b09）

（2）佛哀此人，即**与授**决："于当来世二阿僧祇百劫之中，当得作佛，神通相好，十号具足。"（0438c25）

誓言－言誓：义为"宣誓"。例证：

（1）妇时见之，即发**誓言**："使我后世得道如是。"（0368b16）

（2）**言誓**已讫，一目寻复如故。（0413c13）

敬爱－爱敬：义为"尊敬，热爱"。例证：

（1）我夫猛健力士之力，身又细软，甚可**敬爱**。（0364c16）

（2）日日如是，甚可**爱敬**。（0356a14）

睡眠－眠睡：义为"睡觉"。例证：

（1）是时师子，适值**睡眠**，猎师便以毒箭射之。（0438a25）

（2）尔时阿难，于林中坐，忽然**眠睡**，梦见大树普覆虚空，枝叶蓊郁，花果茂盛。（0387b09）

敬礼－礼敬：义为"采取立正、举手或鞠躬等方式表示恭敬"。例证：

（1）到下象乘，解剑却盖，直进佛所，**敬礼**问讯，彼呗比丘，呗声已绝。(0424b10)

（2）尔时阿难，白世尊言："昨夜有天光明照曜，**礼敬**世尊。"(0437c15)

射猎－猎射：义为"打猎，狩猎"。例证：

（1）**射猎**之事，最为快乐，母今相遮，将为见憎。(0440c17)

（2）所以者何？夫杀生之罪，当入地狱，受诸苦恼，数千万岁，常为鹿头羊头兔头诸禽兽头阿傍狱卒之所**猎射**，无央数岁，虽思解脱。其何由乎？(0440c17)

破碎－碎破：义为"破成碎块"。例证：

（1）便于道中，卒遇暴风，**破碎**其船，众人唤救，无所归依，或有能得板樯浮囊以自度者，或有堕水溺死之者。(0422a26)

（2）寒地狱中，受罪之人，身肉冰燥，如燋豆散，脑髓白爆，头骨**碎破**百千万分，身骨劈裂。(0378a28)

洒扫－扫洒：义为"清扫"。例证：

（1）既以受命，勤谨不懈，朝朝早起，**洒扫**堂舍。(0400a02)

（2）我子大施，欲出游行，**扫洒**街陌，除诸不净，竖诸幢幡，散华烧香，庄严道路，极令洁净。(0405b02)

仰慕－慕仰：义为"敬仰，思慕"。例证：

（1）一切众会，睹山显异，食已怀悦，**仰慕**遂深。(0362b19)

（2）时弥勒等，遂怀**慕仰**，徘徊迹侧，豫钦渴仰。(0433a28)

瞻仰－仰瞻：义为"恭敬地观看"。例证：

（1）八万四千诸小国王，悉遥敬慕，**瞻仰**所在，四远贡献，遣使咨承，略而言之，如奉大王。（0405a04）

（2）一切**仰瞻**，皆闻其语，佛为种种显示法要，亦令多众发心求佛，得果生天，数亦难计。（0363a16）

忿恚－恚忿：义为"愤怒，充满怒气"。例证：

（1）时诸比丘，入城乞食，人民**忿恚**，咸不与语，空钵而出，还到山中。（0438a03）

（2）婆罗门闻，甚怀**恚忿**，语其妇言："此无恼者，力敌千人，辅相之子，种族强盛，虽欲治之，宜当以渐。"（0423b25）

三、同素异序形容词

同素异序形容词共有6组，列举如下：

仁慈－慈仁：义为"仁爱慈善"。例证：

（1）此儿怀妊已来，其母聪慧**仁慈**劝善，余瑞虽众甚怪此异。（0363c11）

（2）今日花主，**慈仁**守礼，平等相与，所以饶获。（0442c20）

柔和－和柔：义为"温和"。例证：

（1）时有萨薄名摩诃夜移，其妇怀妊，自然仁善，意性**柔和**。（0416b23）

（2）所以然者，从穴出时，无有众恼，心情**和柔**，身亦如是。（0429a22）

恶毒－毒恶：义为"心术、手段、语言等阴险狠毒"。例证：

（1）既死之后，未能改操，遂愿更作小形毒虫，依彼道人屋间而住，伺其道人端坐之时，从屋间下，堕其顶上，**恶毒**猛炽，即杀比丘。（0417b29）

（2）汝身**毒恶**，唤我用为？我若近汝，傥为伤害。（0369b04）

忧愁－愁忧：义为"因为遭遇困难或者不如意的事情而苦闷"。例证：

（1）尔时笃信优婆塞，闻婆罗门骂佛法僧，**忧愁**不乐，往世尊所，头面礼足。（0375b13）

（2）财物悉尽，卒无方计，念是**愁忧**，深以为惧。（0432c13）

洁净－净洁：义为"干净"。例证：

（1）我子大施，欲出游行，扫洒街陌，除诸不净，竖诸幢幡，散华烧香，庄严道路，极令**洁净**。（0405b02）

（2）时王顶上欻生一疱，其形如茧，**净洁**清彻，亦不疼痛。（0439c04）

四、同素异序副词

同素异序副词共有 3 组，列举如下：

皆悉－悉皆：义为"都，全"。例证：

（1）尔时阿难及众会者，闻佛所说，**皆悉**信解，有得须陀洹果者，斯陀含、阿那含、阿罗汉者，有发无上正真道意者，复有得住不退地者。（0358c25）

237

（2）时快目王国，种种灾怪**悉皆**兴现。(0391c20)

复次－次复：义为"再，又"。例证：

（1）说过去事，我**复次**说当来之世，此阎浮提，土地方正，平坦广博，无有山川，地生濡草，犹如天衣。(0435c11)

（2）第六日中，诸律昌辈，**次复**请佛。(0362c21)

理极－极理：义为"极，非常"。例证：

（1）我之薄福，贫穷**理极**，债负盈集，甚多难计。(0422a10)

（2）我于尔时，为彼所害，辛苦**极理**，犹以慈心，而矜爱之。(0415a20)

第二节　《贤愚经》同素异序词简析

通过《贤愚经》同素异序词的描写，我们可以看出，从语法分布看，动词最多，名词次之，形容词和副词较少。从现代汉语的传承情况来看，《贤愚经》同素异序词往往只保留了其中的一个。

剖析《贤愚经》同素异序词的表现形式，主要包括两种形式：一种是词性和意义完全相同，语法功能也完全相同。其中，相当一部分同素异序词可以在同一篇内容中找到，有的甚至就分布于上下文的一问一答之间。这类同素异序词处于完全相同的语境中，意义也完全一致。这种分布情况说明，这类同素异序词除了构词语素顺序相反，其意义和感情色彩都是完全相同的。由于语言的经济性要

第十五章 《贤愚经》同素异序词研究

求,这类词语数量不多,现代汉语只保留了其中的一个。如果想探寻为什么一个词传承到了现代汉语,而另一个词却消亡的原因,仅立足功能和意义之间的差别,恐怕很难发现其中的缘由。我们逐一比较声调规律后发现,除了两个构词语素同属于一个声调的情况外,多数传承到现代汉语中的词大都符合平上去入的音调原则。例如"忧愁""洁净""远近"等。

另一种是意义和用法存在差别,细分起来共有两种:①每组同素异序词的词性相同,但意义不同;②每组同素异序词的意义相同或相近,但词性不同。

这两种同素异序词,构词语素虽然完全相同,但是词语结构和意义却有不少差别,它们只是借助不同语序表达了不同的意义,从而出现在不同的语境中。仔细考察,这类同素异序词的构词语素往往包括多个意义,或者意义相近但有细微差别,或者侧重点不同等,这就使得两个同素异序词的意义和用法自然产生了差别。例如"言语"和"语言","言语"在文中是说话之意,"语言"则是语之言,是告诉、嘱咐之意。

同素异序名词19组频次:圣贤(1)-贤圣(10);树林(4)-林树(7);止住(4)-住止(9);事情(4)-情事(5);珠宝(3)-宝珠(15);子弟(1)-弟子(97);势力(2)-力势(4);香华(8)-华香(13);众人(56)-人众(16);年少(6)-少年(1);远近(6)-近远(1);轮相(7)-相轮(2);貌状(1)-状貌(2);家居(4)-居家(3);庶民(3)-民庶(3);容颜(1)-颜容(1);菜果

（1）－果菜（1）；诳谄（1）－谄诳（1）；忿恚（1）－恚忿（1）。

同素异序动词29组频次：令使（1）－使令（3）；言语（3）－语言（22）；来往（2）－往来（5）；给称（1）－称给（5）；调和（3）－和调（1）；读诵（4）－诵读（2）；恐惧（2）－惧恐（1）；信敬（20）－敬信（6）；即便（53）－便即（1）；识别（4）－别识（2）；过踰（7）－踰过（2）；救济（7）－济救（1）；破坏（8）－坏破（2）；绍继（6）－继绍（1）；精勤（15）－勤精（3）；贡献（2）－献贡（1）；求请（3）－请求（1）；授与（5）－与授（2）；誓言（10）－言誓（2）；退走（2）－走退（1）；敬爱（8）－爱敬（5）；坏碎（1）－碎坏（1）；睡眠（2）－眠睡（2）；敬礼（7）－礼敬（7）；射猎（1）－猎射（1）；破碎（1）－碎破（1）；扫洒（2）－洒扫（2）；仰慕（1）－慕仰（1）；瞻仰（1）－仰瞻（1）。

同素异序形容词6组频次：仁慈（3）－慈仁（3）；柔和（1）－和柔（1）；浊钝（1）－钝浊（1）；恶毒（1）－毒恶（1）；忧愁（9）－愁忧（11）；洁净（2）－净洁（6）。

同素异序副词3组频次：皆悉（32）－悉皆（27）；复次（5）－次复（13）；理极（2）－极理（5）。

主要参考文献

1. 陈秀兰：《魏晋南北朝文与汉文佛典语言比较研究》，中华书局，2008。

2. 曹广顺：《中古译经与中古汉语语法史研究》，第一届汉文佛典语言学国际学术研讨会论文，2002。

3. 方一新：《东汉六朝佛经词语札记》，载《语言研究》，2000（2）。

4. 方一新：《作品断代和语料鉴别》，载《浙江大学汉语史研究中心简报》，2004（1）。

5. 方一新：《从中古词汇的特点看汉语史的分期》，载《汉语史学报》，2004（4）。

6. 董琨：《中古文献语言论集》，巴蜀书社，2000。

7. 董志翘：《汉文佛教文献语言研究与训诂学》，载《汉语史研究集刊》，2005（8）。

8. 胡敕瑞：《中古汉语语料鉴别述要》，载《汉语史学报》，2005（5）。

9. 何亮：《中古汉语约量时段的表达》，载《汉语史学报》，2006（6）。

10. 利瓦伊琦：《佛经释词》，岳麓书社，1994。

11. 利瓦伊琦：《佛经续释词》，岳麓书社，1999。

12. 利瓦伊琦：《考释佛经中疑难词语例说》，载《湖南师范大学学报》，2003（4）。

13. 梁晓虹：《佛教词语的构造与汉语词汇的发展》，杭州大学博士学位论文，1991。

14. 梁晓虹：《佛教与汉语词汇》，佛光文化事业有限公司，2001。

15. 梅维恒：《〈贤愚经〉的原典语言》，载《汉语史研究集刊》第8辑，巴蜀书社，2005。

16. 徐真友：《关于佛典语言的一些研究》，万金川译，载《正观杂志》，1997（1）。

17. 张建勇：《中古律部汉译佛经语词札记》，载《中国海洋大学学报》，2005（6）。

18. 朱庆之：《佛典与中古汉语词汇研究》，文津出版社，1992。

19. 颜洽茂：《佛教语言阐释——中古佛经词汇研究》，杭州大学博士学位论文，1994。